U1069334

高职高专“十三五”规划教材

汽车生产线自动控制技术

王　京　朱青松　席仲雨　编著

机　械　工　业　出　版　社

本书共包括5个项目。项目1介绍汽车制造厂生产线自动化技术概貌；项目2以冲压车间典型设备为例，介绍压力机、冲压线的相关技术及应用；项目3以装焊车间典型设备为例，介绍焊接技术、焊接机器人、翼子板系统的自动化技术及相关应用；项目4以喷漆车间典型设备为例，介绍喷漆工艺及喷漆生产线的相关技术及应用；项目5以总装线典型设备为例，介绍装配、生产体系、EMS系统等的相关技术及应用。书中引用了企业大量的生产实例，内容新颖、通俗易懂，充分体现了高等职业教育教学大纲的实用性、时代性和拓展性的重要要求。

本书可作为普通高等学校、高职高专院校汽车制造、机电等相关专业的课程教材，也可作为工程技术人员的参考用书。

本书配有电子课件，凡使用本书作为教材的教师可登录机械工业出版社教育服务网 www.cmpedu.com 注册后免费下载。咨询电话：010-88379375。

图书在版编目（CIP）数据

汽车生产线自动控制技术/王京，朱青松，席仲雨编著. —北京：机械工业出版社，2018.4

高职高专“十三五”规划教材

ISBN 978-7-111-59123-8

Ⅰ.①汽… Ⅱ.①王… ②朱… ③席… Ⅲ.①汽车制造厂-自动生产线-高等职业教育-教材 Ⅳ.①U468.2

中国版本图书馆CIP数据核字（2018）第023228号

机械工业出版社（北京市百万庄大街22号　邮政编码100037）

策划编辑：王海峰　责任编辑：王海峰　张双国

责任校对：刘秀芝　封面设计：鞠　杨

责任印制：李　昂

河北鹏盛贤印刷有限公司印刷

2018年4月第1版第1次印刷

184mm×260mm · 8.5印张 · 201千字

0001—2000册

标准书号：ISBN 978-7-111-59123-8

定价：25.00元

凡购本书，如有缺页、倒页、脱页，由本社发行部调换

电话服务

服务咨询热线：010-88379833

读者购书热线：010-88379649

封面无防伪标均为盗版

网络服务

机 工 官 网：www.cmpbook.com

机 工 官 博：weibo.com/cmp1952

教育服务网：www.cmpedu.com

金 书 网：www.golden-book.com

前言

21世纪以来，世界经济迅速发展，人们开始进入智能化的时代，互联网技术、人机交互技术以及各种各样的智能设备充斥着人们的日常生活，这不仅使人们的生活越来越有效率，也对制造企业产生了很大的促进作用。

智能制造技术是世界制造业未来发展的重要方向之一。智能制造技术是在现代传感技术、网络技术、自动化技术、拟人化智能技术等先进技术的基础上，通过智能化的感知、人机交互、决策和执行技术，实现设计过程、制造过程和制造装备智能化，是信息技术和智能技术与装备制造过程技术的深度融合与集成。

汽车产业是我国国民经济重要的支柱产业，中国正从汽车大国迈向汽车强国，需要大批高端汽车技能人才。能控制汽车生产线的人才将是汽车制造业产业升级转型中的紧缺型人才。工业机器人高精尖技术技能人才就是那些经过专业系统学习，具有实战训练经验，能够在数字化、智能化工厂中运用创新思维进行创新型工作，对生产系统进行数字化安装、调试、生产和管理，实现人和人、人和机器、机器和机器协同有序高效合作，保障“智能工厂”高效运行的制造业产业升级转型中的紧缺型人才。

本书以汽车制造中冲压、装焊、涂装和总装四大工艺为主线，介绍汽车生产线中的先进设备和自动生产线控制技术，为从业者打下良好的工作基础。

本书由北京电子科技职业学院汽车工程学院王京（项目1、项目2）、朱青松（项目3）和北京市西城经济科学大学席仲雨（项目4、项目5）编著。在编写过程中，学校领导及老师、企业员工等给予了无私的帮助，在此深表感谢！

由于时间仓促，编者水平有限，书中难免有疏漏之处，敬请读者批评指正！

编　者

目　录

项目1

概　述

汽车行业是国民经济的支柱产业，代表国家的经济发展水平，同时也贯穿了二三产业。汽车产业的核心技术和贡献度远远大于一般制造业，具有可持续创新的特质，能够破解社会经济原创力不足的难题。汽车是信息化和产业化融合的载体，是工业现代化的典型代表，一辆轿车有两万多个零件，其生产组装过程复杂、工序繁多。汽车制造涉及六大生产领域：冲压、装焊、涂装、总装、发动机和机电领域。汽车制造厂主要包括冲压车间、装焊车间、总装车间、涂装车间和发动机车间，如图 1-1 所示。冲压、装焊、涂装、组装和零部件生产等工艺都离不开自动化生产线控制技术，自动化生产不仅提高了产品生产率、缩短了生产周期、提高了产品质量，更能直接提高企业的经济效益。目前人员成本越来越高，企业实现无人自动化生产更是刻不容缓，直接影响着企业的发展和未来。

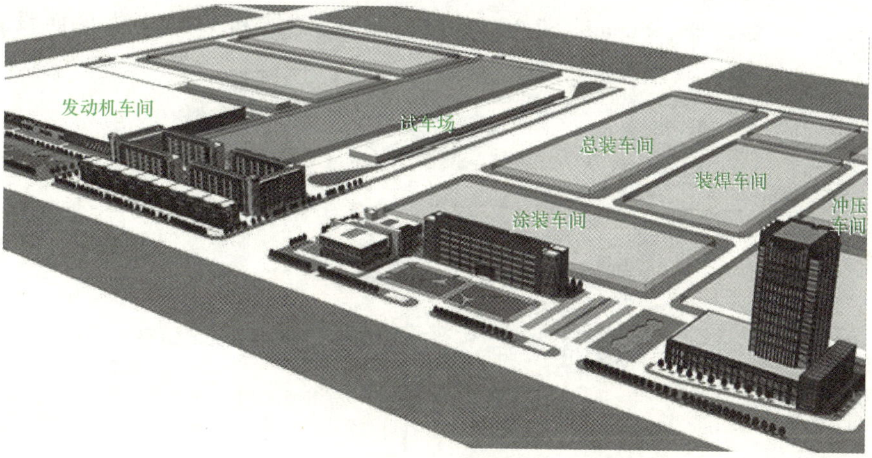

图 1-1　汽车制造厂

1.1　冲压车间

1. 构成

冲压是汽车制造过程的四大工艺之首，冲压件的质量直接影响着整车的品质，车身零件冲压生产的机械化和自动化程度是衡量汽车制造技术水平的重要标志之一。

冲压车间的典型生产线一般分为开卷线和冲压线，如图 1-2 所示。开卷线包括输送带钢的传送带 1、将成卷带钢轧平成平整钢带的平整冲压机 2 和将钢板轧制成所需规格尺寸的剪裁冲压机 3。冲压线一般包括成形冲压机 4、5、6、7，完成落料、冲孔、切断、切边和切口等多个工序，使金属板精确成形，以便用于车身制造车间进一步加工。

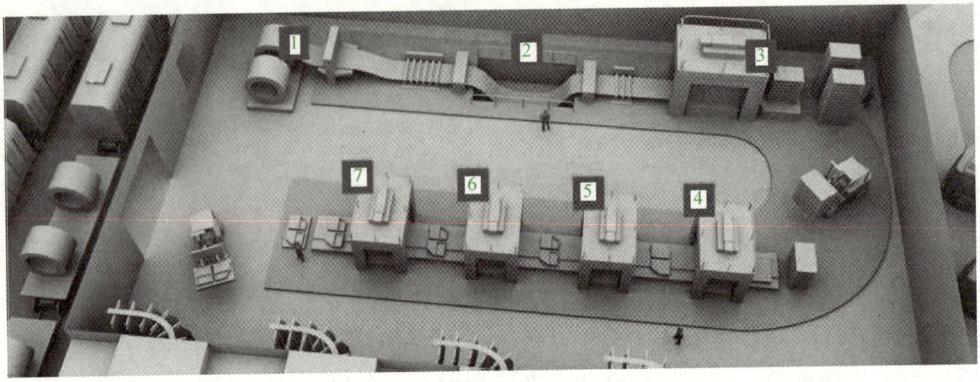

图 1-2　自动化冲压线

1—传送带　2—平整冲压机　3—剪裁冲压机　4、5、6、7—成形冲压机

2. 开卷线

冲压车间自动化部件通信的快慢决定了开卷机、滚轮进给设备的生产率。常用的开卷线通信拓扑系统如图 1-3 所示，它使用分布式 I/O、HMI 人机界面和监视系统而取得平稳的相互作用。工业网络系统（工业以太网/Profibus 现场总线）可保证在 Simotion 运动控制器、Sinamics 变频器、Simatic S7 PLC 可编程序控制器和 HMI 人机界面设备之间的连接。

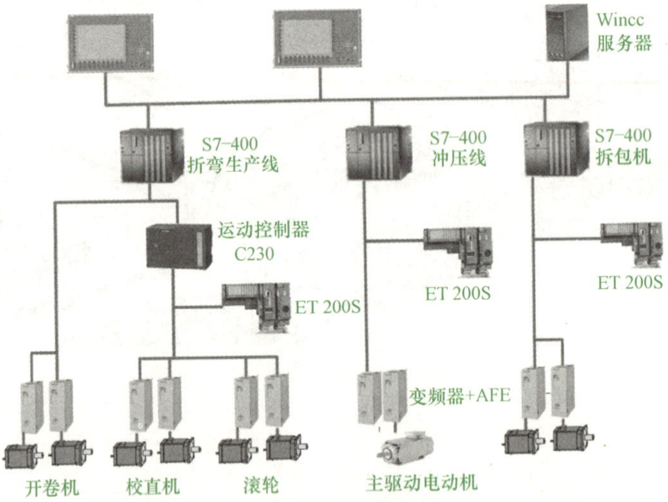

图 1-3　常用的开卷线通信拓扑系统

3. 冲压线

压机、传输线自动控制系统一般采用基于 Profinet 的 Fail-safe 技术，如图 1-4 所示。现场总线 Profinet/PROFIsafe，实现控制和安全数据的实时传送，Profinet 连接至主控服务器，实现生产数据采集和管理。主控 CPU 是西门子 PLC，压机配置有 Press2000 压机专用软件，Simotion D445 运动控制器控制 Sinamics S120 完成伺服电动机和主轴电动机的控制。

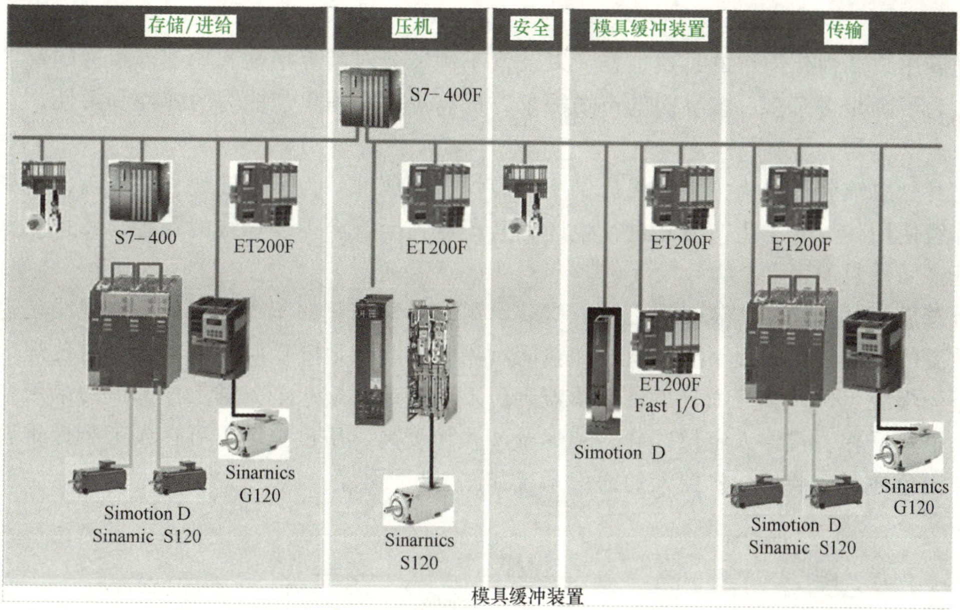

图 1-4 冲压线自动控制系统

1.2 装焊车间

1. 装焊工艺

装焊被称为机械裁缝，负责把冲压好的工件拼装到一起。在汽车制造的四大工艺里，装焊是装配流水线上一道不可或缺的工序，其中装焊的自动化、柔性化程度决定了装焊的发展前景与未来。正如全身骨骼的形状和连接决定了一个人的身形体态一样，冲压技术制造出的散碎零件，需要由装焊技术来组合连接，形成一辆汽车的骨架，而这骨架上的每一个连接处的拼接质量将会直接影响最终整车的品质。

装焊线分总成包括底盘、左侧围、右侧围等，将这几大总成进行拼装，再装焊上车顶和 4 门 2 盖，形成白车身送往涂装车间，如图 1-5 所示。装焊缺陷和精度是装焊车间主要质量的控制点，2mm 工程是高质量车身的象征，有缺陷的车身将在返修区进行维修。

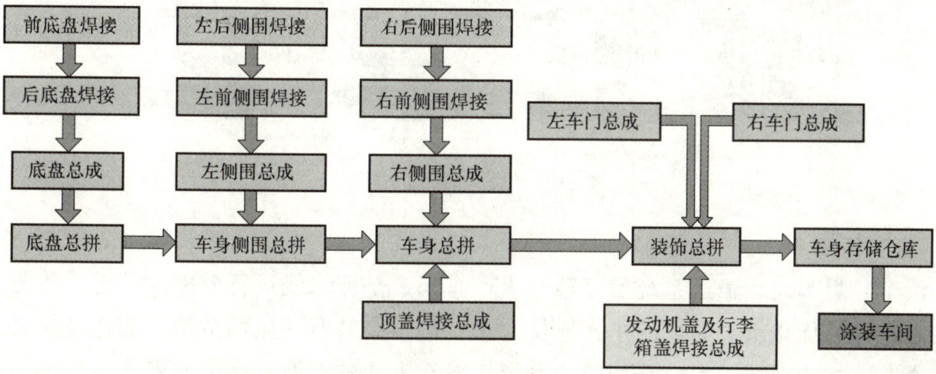

图 1-5 装焊工艺

2. 机器人系统

随着用户个性化需求的日益加强，以及汽车制造业对装焊精度和速度等指标的要求日益提高，为了满足多车型、多批次的市场需求，提高焊装车间生产能力的弹性和柔性，工业机器人被广泛应用。

车身分总成装焊线为主装焊线提供所需装焊分总成件。为了有效地利用资源，车身分总成装焊线使用传统人工生产方式进行生产，其产能完全符合主装焊线的需要，并且能够高效地保证产品质量的稳定。

分总成零件最终在主装焊线上进行拼装，组成一部完整的车身骨架。主装焊线是生产线上最重要的一部分。为提高产品质量和空间利用率，有效地降低制造成本，在主装焊生产线上的下体焊装工位、车身大装工位、顶盖工位及车身冲孔这 4 个关键工位上，均采用全自动机器人进行操作。机器人定位准确、装焊及冲孔精度高、质量稳定，可在人工装焊难以操作的部位出色地完成装焊。机器人的通信系统如图 1-6 所示。

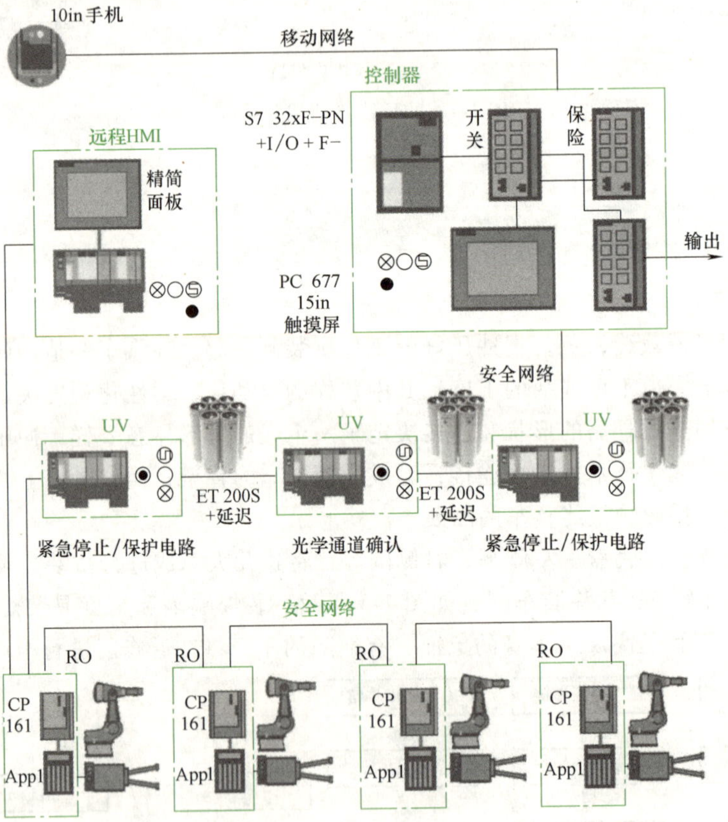

图 1-6　机器人的通信系统

3. 生产系统

在汽车装焊车间，输送系统贯穿整个生产车间，是流水线运行效率的关键。输送系统将每个精心设计、优化组合而成的单元连接起来，满足高节奏的生产节拍。输送系统必须有一条高效通道，才能形成一个完整的制造系统。输送方式的选取直接影响着流水线的生产效率及产品的质量。常见的输送方式有滚轮输送、往复杆输送、板链式输送等。

地板输送线自动控制系统如图 1-7 所示。通过该 Profinet 接口模块，ET200 I/O 可以加以扩展。对于 ET200S，包括两种 Profinet 接口模块，即 IM151-3 标准型和高性能型。基于此产品，ET200 Profinet 系统将支持 Profisafe 故障安全协议，并可以构建线性拓扑网络结构。同时，全新的集成端口的 IM151-3Profinet 接口模块，同样支持包括基本的数字量、模拟量输入输出以及计数器、串行接口、电动机起动器、变频器、气动模块等功能模块。

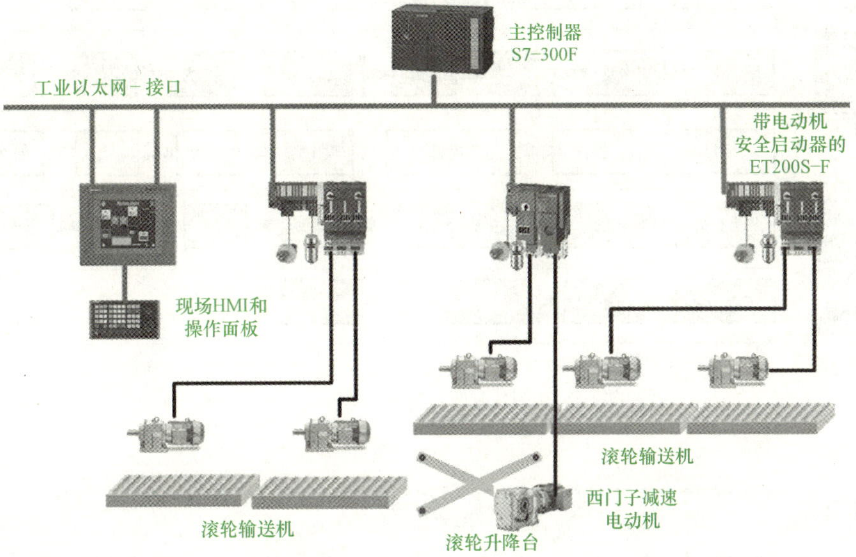

图 1-7　地板输送线自动控制系统

1.3　涂装车间

1. 工艺

汽车是一种陆地交通工具，其使用的环境、气候、道路条件复杂而多变，为此它需要良好的耐候、耐蚀、耐擦伤及抗石击的特性，即在日晒、雨淋、风沙冲击、干湿交替、冷热变换、盐雾雨或酸雨侵蚀的环境下，具有良好的保光、保色、不粉化、不脱落、不起泡、不锈蚀能力。此外，覆盖在车身表面的油漆涂装层还是汽车一层美丽的外装。对于绝大多数用户而言，外观往往是决定是否购买某车的主要因素。由此可见，汽车涂装应具有防护和装饰两大功效。汽车涂装工艺的重点在于：在低污染、低成本的前提下，实现对汽车车身及其他各总成部件最有效的防护并达到最佳的美化效果。

涂装车间的主要控制点为设备的工艺参数和车身缺陷，工艺流程分为前处理、PVC、中涂、面漆和修饰 5 部分，如图 1-8 所示。

2. 前处理系统

前处理是涂装的第一道工序，良好的前处理工艺既能保障车体优异的耐蚀性能，又能为后续的喷涂工序提供优质的基底表面。前处理工艺在性能上分为脱脂、表调和磷化三部分。

（1）脱脂　脱脂指除油清洗（脱脂）工序。脱脂清洗如图 1-9 所示。用热水和热碱液喷、浸结合的方法清洗车身，通过脱脂剂中的碱性物质对油污皂化及表面活性剂的浸润、分

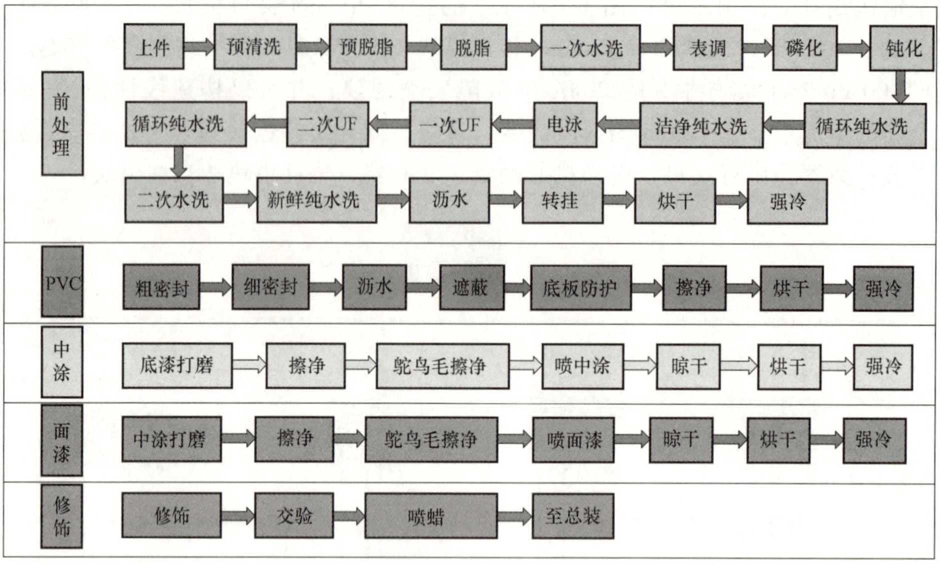

图 1-8　涂装工艺

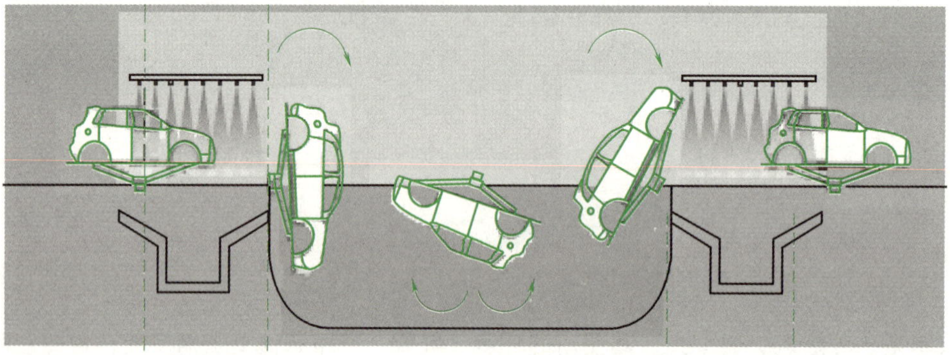

图 1-9　脱脂清洗

散、乳化及增溶作用达到脱脂的目的。借助压力喷射和搅拌等机械作用可以达到良好的脱脂清洗效果。

（2）表调　表面调整剂的主要成分是磷酸钛，它可以改善金属表面由于碱液清洗造成的粗化效应，使磷化结晶变细致。

（3）磷化　磷化膜是金属底材（金属）与电泳漆（有机物）之间的一层无机盐晶体，起到承上启下的重要作用。磷化膜的主要作用是提高基材的防锈和耐蚀能力，提高金属与涂膜的结合力，提高车身的电绝缘性。车身进入磷化池如图 1-10 所示，浸渍磷化如图 1-11 所示。

在前处理、烘房工艺过程中，自动化系统主要的控制对象是大量的循环泵、阀门和温度传感器。前处理、烘房自动控制系统如图 1-12 所示。自动化系统主要的控制参数是温度和液位以及悬挂输送装置。

图 1-10　车身进入磷化池

图 1-11　浸渍磷化

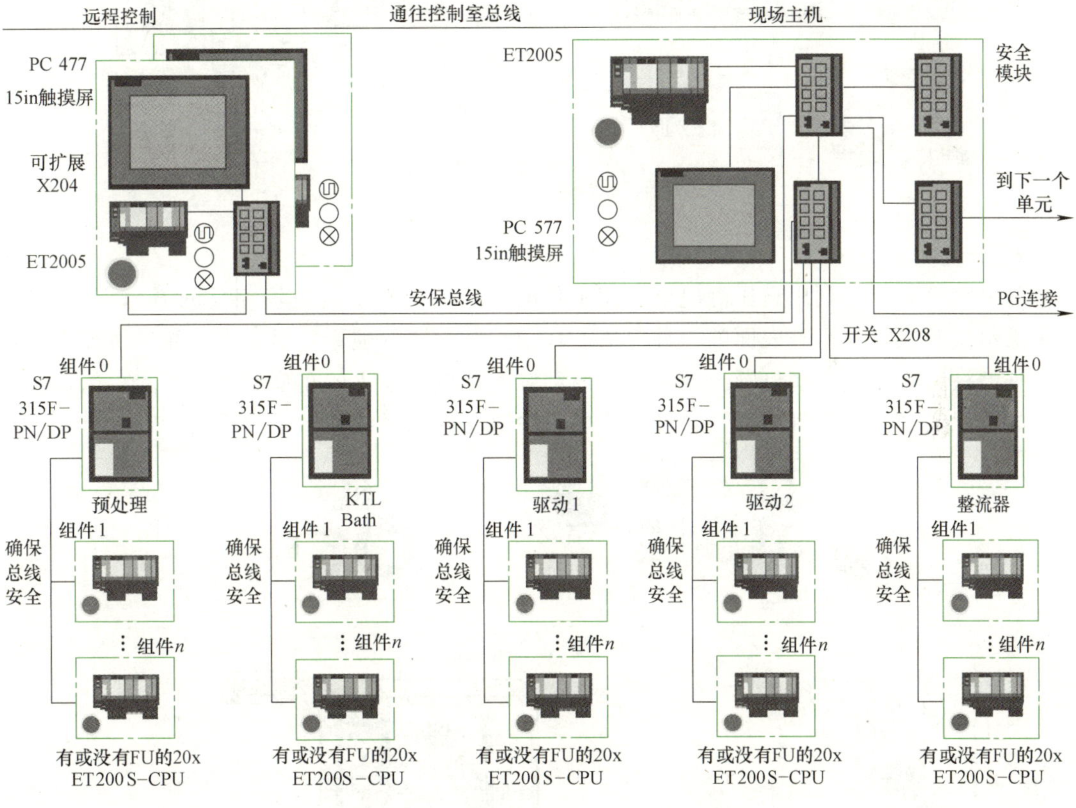

图 1-12　前处理、烘房自动控制系统

3. 电泳系统

电泳是现代汽车涂装工艺中的重要环节。电泳涂装是将具有导电性的被涂物浸在装满由水稀释的、浓度比较低的电泳涂料槽中作为阳极，在槽中另设置与其对应的阴极，在两极间接通直流电一段时间后，在被涂物表面沉积出均匀细密、不被水溶解涂膜的一种特殊涂装方法。电泳涂装能提供厚度均匀的耐蚀保护层，使车身的耐蚀能力大大提高，提高了汽车的使用寿命和安全性。电泳涂装主要用于汽车底盘、车架及其他配件。电泳自动控制系统如图 1-13 所示。

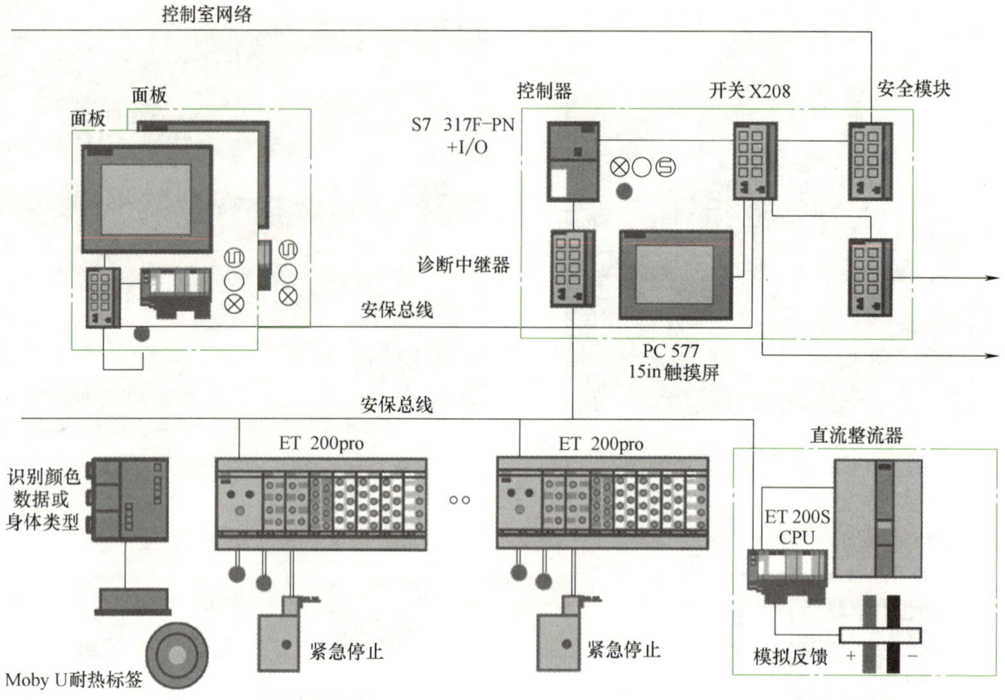

图 1-13　电泳自动控制系统

4. 静电喷涂系统

静电喷涂系统是利用高压静电电场使带负电的涂料微粒沿着电场相反的方向定向运动，并将涂料微粒吸附在车身表面的一种方法。在中涂、面漆的喷涂室里，多台涂装机器人负责车身外部涂漆工作。这些机器人通过伺服驱动装置，按照输入的车型、颜色要求，依据事先设定的程序实现不同车身的喷涂轨迹。静电喷涂自动控制系统如图 1-14 所示。

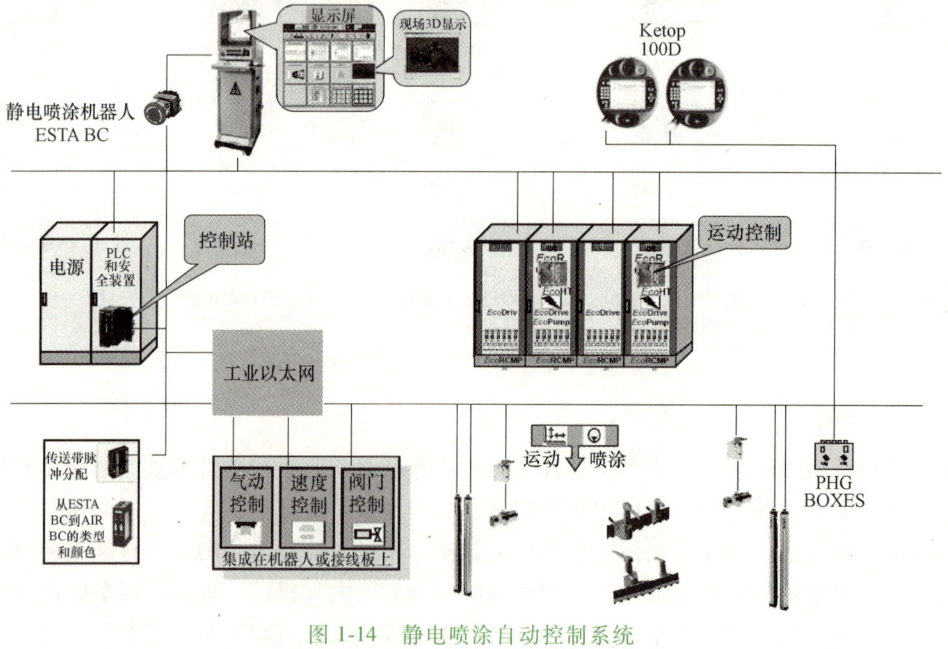

图 1-14　静电喷涂自动控制系统

对于操作人员来说，准确调节和监视喷头和用漆量是很关键的。

5. 除尘系统

鸵鸟毛质地柔软，丰满飘逸且手感好，有极好的保温性能，而且鸵鸟羽毛是唯一不带静电的羽毛，可擦拭精密的工业仪器。鸵鸟毛除尘自动控制系统如图 1-15 所示。操作控制台能控制系统进入自动、半自动、手动、模拟、维护等模式。

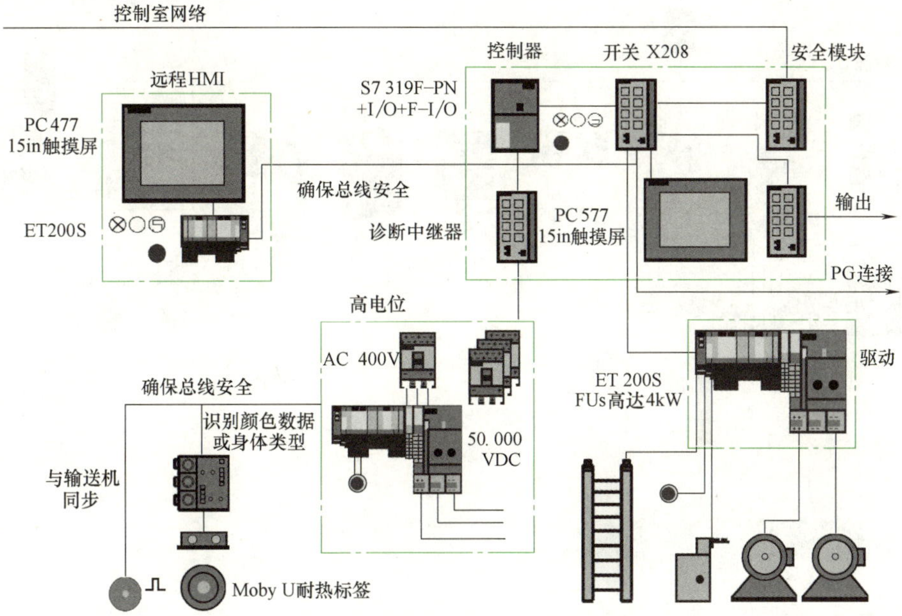

图 1-15 鸵鸟毛除尘自动控制系统

自动模式：当车身进入面涂喷涂入口滚床前，读取载码体内包含车身识别号、车身类型等在内的车身信息，该信息通过工业以太网进入鸵鸟毛擦净机控制系统。车身信息在无人工介入的情况下，通过鸵鸟毛擦净机自身的算法适时地进入识别堆栈，同鸵鸟毛擦净机控制系统本身的光电传感器识别的车身型号相验证。若无误，鸵鸟毛擦净机按照指定车型进行擦净；若有误，控制柜将发出报警信号，由人工进行处理。

半自动模式：由鸵鸟毛擦净机控制系统本身的光电传感器识别的车型进行校验擦净。

手动模式：在手动状态下，操作者可以人工输入车身型号，不用进行鸵鸟毛擦净机光电传感器识别车型校验再进行擦净。

若一个不能被识别的车身进入鸵鸟毛擦净工位，或一个不被认可的车体颜色进入了鸵鸟毛擦净区域，控制柜自动报警，同时允许在操作者控制台上或手工输入工位将修正了的车型数据手工输入。

模拟模式：输送设备空载情况下，鸵鸟毛擦净机系统可以进行车身仿形。

维护模式：当进入维护模式时，可手动对设备各部分进行点动操作。

6. 废气排放系统

在整个涂装生产过程中，机械化输送系统是涂装生产线的大动脉，它贯穿于涂装生产线的全过程。车身输送设备的设计比较困难，而输送系统对槽液和车身的污染更是一个令人头痛又难以克服的问题。废气排放自动控制系统如图 1-16 所示。

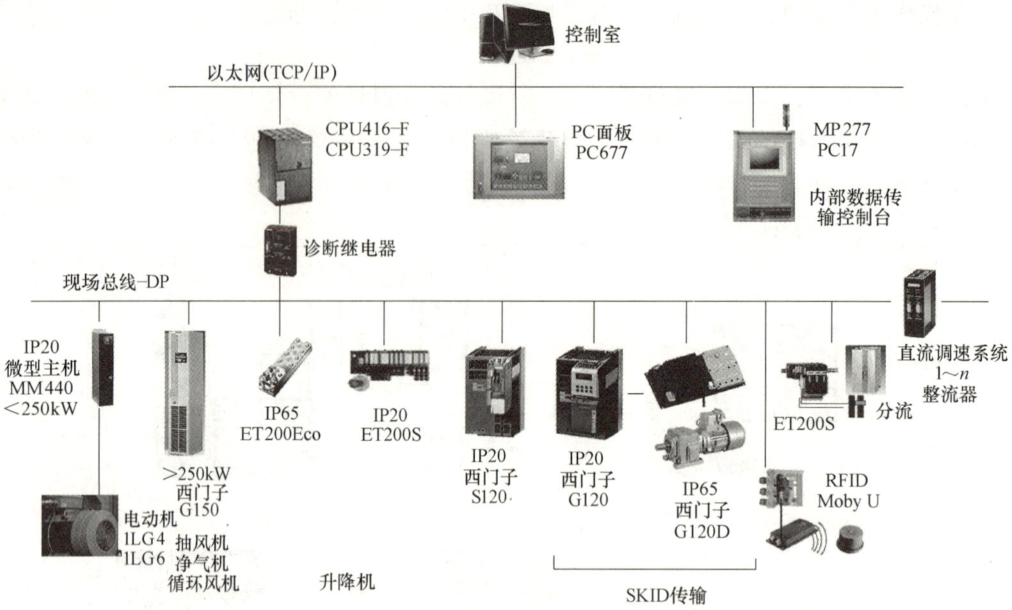

图 1-16 废气排放自动控制系统

1.4 总装车间

1. 工艺

总装车间是汽车整车的最后生产环节，是保证汽车出厂质量和生产进度的重要环节。总装工艺是冲压、装焊、涂装 3 种工艺的累积爆发，产品设计的优劣在总装环节才能完全体现出来。总装工艺是用最佳方法组装出最优的产品，同时要将冲压、装焊、涂装、零部件的设计、制造过程中的缺陷通过不同的工艺方式进行最有效的弥补。

总装车间包括分总成装配和主装配等工艺过程，共有 100 多道工序，如图 1-17 所示。

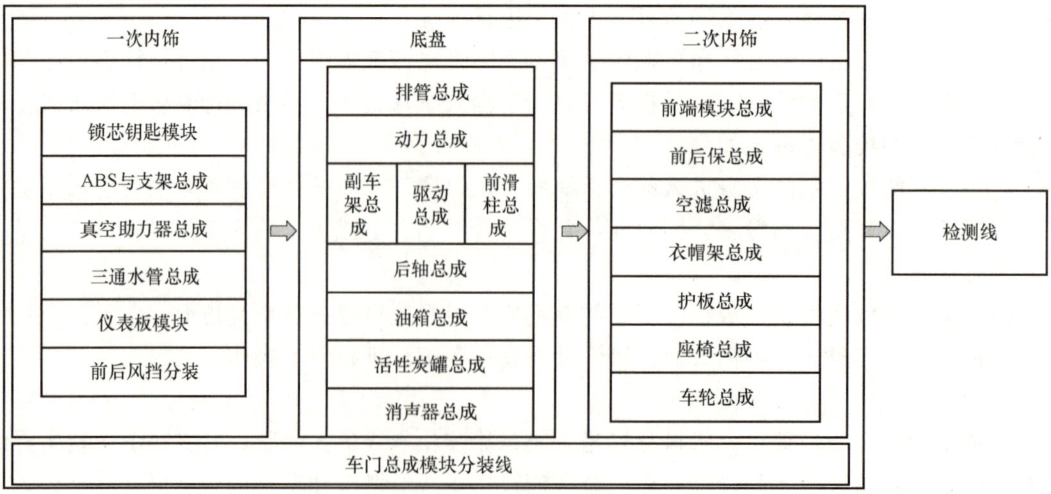

图 1-17 汽车总装工艺

系统控制的重点是装配过程发生的缺陷和装配力矩、加注量/加注参数等，同时建立重要件、安全件和整车编码的关联，建立汽车族谱。

2. 抱具系统

当漆后车身从涂装车间通过滑橇进入总装编组区后，该车身信息通过线上安装的自动识别装置进入总装生产控制系统。系统可根据生产计划，将装配线所需车型车身按顺序送上输送线，送到总装内饰工段车身转接段。在转接段，车身由滑橇转换到总装装配的抱具上。抱具自动控制系统如图 1-18 所示。

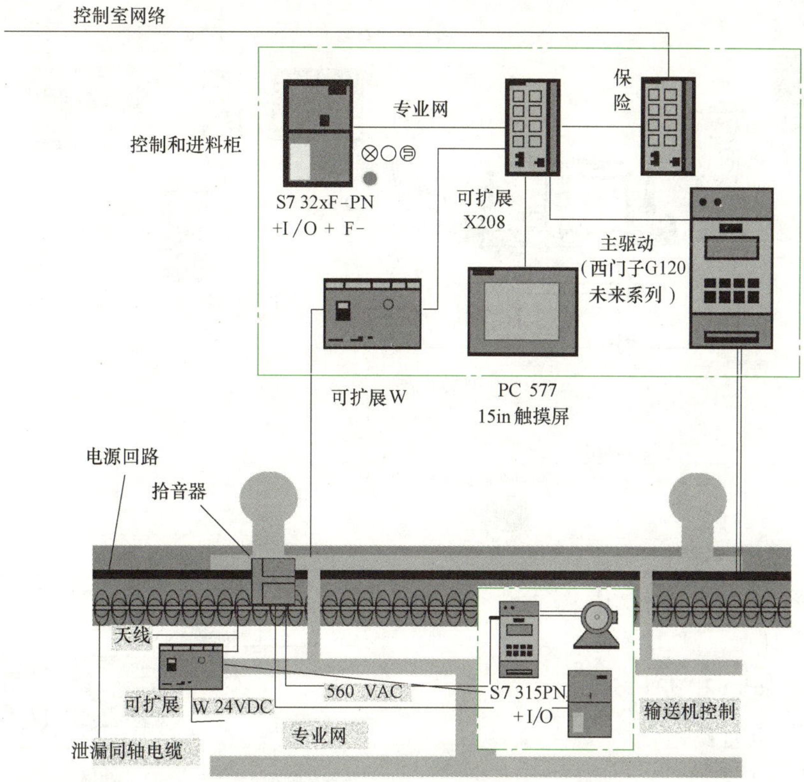

图 1-18 抱具自动控制系统

3. 助力机械手系统

总装生产线结合人体工程学原理，增加了部分专用工具、工装和工位器具，增装了大件总成辅助安装设备。像安装轮胎、仪表总成、座椅、天窗，拆卸 4 门等超过 25kg 的总成零件，均需装备助力机械手和吊具。助力机械手自动控制系统如图 1-19 所示。

4. 地板系统

车身随滑橇地板输送系统来到总装配工段，在这里将安装座椅、前后保险杠外装饰、轮胎等部件，最终组成一部完整的汽车。地板自动控制系统如图 1-20 所示。

5. 信息系统

ANDON 系统作为精益生产制造管理的一个核心工具，在制造过程中发现生产缺陷/异常时，能通过系统在最短的时间里将信息传递出去，使问题快速解决，使生产平稳进行，提高效率。该系统能够收集生产线上有关设备、生产以及管理的多方面信息。在对这些信息进行

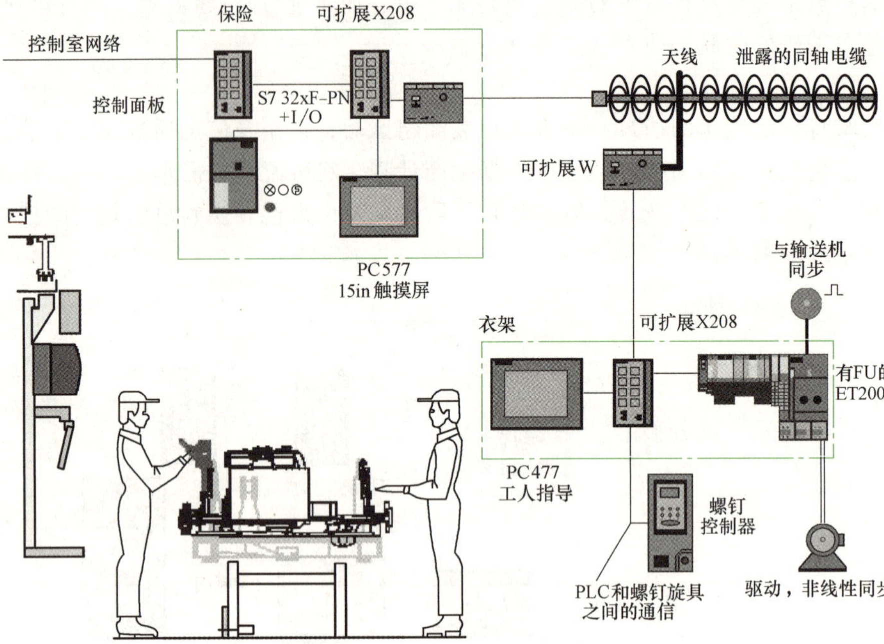

图 1-19　助力机械手自动控制系统

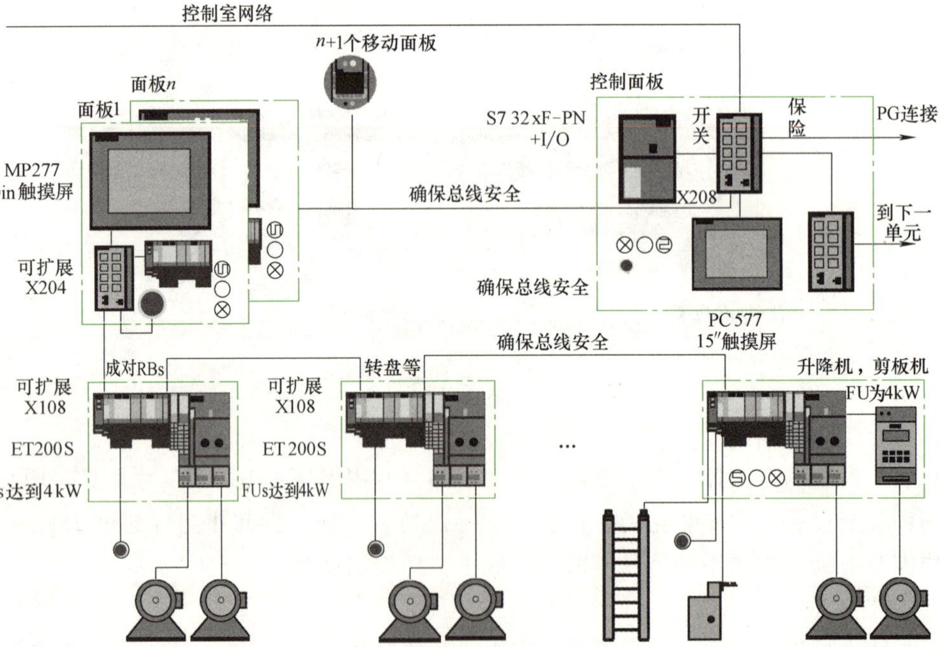

图 1-20　地板自动控制系统

处理后，ANDON 系统控制分布在整个车间的指示灯和声音报警系统，每个工位都有控制开关，当出现问题时，可及时反映到主机，通知其他部门解决，并可由计算机记录、分析问题频率，如图 1-21 所示。

采用 ANDON 监测软件，管理人员可设置系统参数以及生成综合信息报告。根据这些信息，工程技术人员和监督人员能够识别工艺可以改进的区域，或者加工人员需要进行进一步培训的方面。通过高精度、柔性化、准时化的生产，在保证质量的前提下，最大限度地体现了“精益生产”的思想。

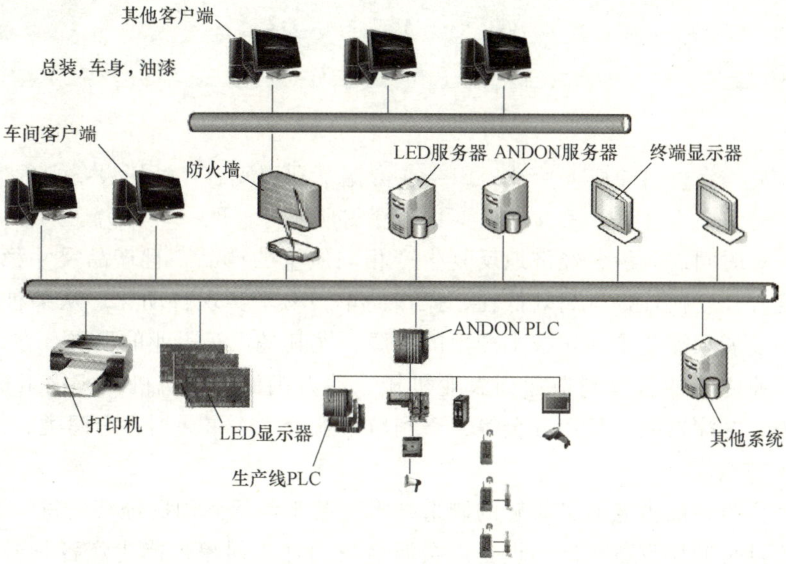

图 1-21　信息控制系统

6. 检测系统

汽车经过冲压、装焊、涂装和总装之后，在出厂前要进行汽车综合性能检测。通过现代检测技术、电子技术、计算机应用技术，能够对汽车实施不解体检测和诊断。在室内检测、诊断出车辆的各种性能参数，查出可能出现故障的状况，为全面、准确评价汽车的使用性能和技术状况提供可靠的依据。

汽车综合性能检测线利用工控机与检测线上的称重、制动、速度、废气、烟度、灯光、声级等检测设备相联结，将各工位设备的信号经过调理与采集形成数字信号，并自动传输到主机上进行存储。根据检测结果形成完整的检测报告，并能提供数据的查询分析及统计功能，从而实现机动车安全检测的自动化管理，及与上级主管部门及相关业务部门的信息共享。通过检测既保证了车辆的动力性、经济性、可靠性，又保证了车辆维修质量的检测以及在用车辆技术状况的检测评定。

项目2

冲压线

冲压加工又称为板料冲压或冷冲压，指在常温下利用安装在冲压设备上的冲模对金属板料施加压力，使其产生分离或塑性变形，从而获得所需零件的一种压力加工方法。冲压加工的特点是可在短时间内大量、经济地反复生产相同质量的产品，且产品尺寸稳定、精度高、重量轻、刚度好、互换性好、高效低耗、操作简单，易于实现自动化。从某种意义上来说，大批量生产的发展和需要是冲压技术产生的根源，尤其是汽车工业的发展。在许多发达国家从作为支柱产业之一的汽车制造业到农业机械、动力机械、建筑机械、化工机械、精密机械、仪器仪表、医疗器械、日用五金等，直到航空航天、军事兵器各个门类，冲压制件都占据着相当重要的地位。

冲压加工作为一门古老而又年轻的制造技术，几乎渗透到国民经济的每一个部门。冲压生产的主要工具是冲压设备。冲压设备以金属板材为加工对象，能生产各种各样的冲压件。冲压加工是制造业中最常用的一种材料成形加工方法，冲压件是乘用车车身的最主要的组成部件。据不完全统计，轿车零部件中金属板材冲压件占40%以上。由此可见，冲压设备在汽车工业中的地位举足轻重，汽车工业和冲压装备技术对国民经济的发展起到重要的推动作用。

冲压设备自动化主要指材料供给、制品、废料的排出、模具更换、冲床的调整与运转、冲压过程异常状况的监视等作业过程自动化，将这些技术应用到冲压生产流水线的相应环节从而实现冲压生产过程的自动化。自动化冲压生产线可以提高冲压生产的劳动效率、改善劳动条件、提高冲压制件的质量和精度，因此，自动化冲压生产线是当今最为先进的冲压生产设备。

2.1 压力机

1. 大型压力机

在汽车制造中，主要应用大型冲压生产线来生产车身覆盖件和车身结构件。20世纪70年代以前，大型冲压生产线的组成主要是一台双动拉延机械压力机和数台单动机械压力机，压力机之间设置工件翻转装置，采用机械或人工的上、下料方式，组成机械化或半机械化流水生产线。这种典型配置在国外汽车工业中使用了近半个多世纪。在我国，很多现存的冲压生产线都属于这一阶段的产品。

由于传统机械压力机在合模时冲击速度过高、公称压力不能及时达到而不能冲压深拉延件，20世纪90年代后期我国新建了采用多连杆技术的大型冲压生产线拉深压力机，其主要优点是：

1）空行程运行速度快，滑块拉延过程中速度慢且均匀，生产效率高。

2）拉延深度大，最大深度可达320mm，而传统压力机只有70mm左右。

3）用较小的偏心距实现较大的滑块行程，更便于上、下料操作。

4）拉延过程冲击力小，提高了模具使用寿命和零件成形质量。

2. 单机联线自动化冲压设备

单机联线自动化冲压线通常配置5~6台压力机，还包括拆垛、上下料机械手、穿梭翻转小车和码垛系统等，全线长度60m左右，具有冲压质量稳定可靠、生产安全性高和柔性好的特点。由于上、下工位压力机的间距大，工件传输效率较低，生产节拍一般为6~9件/min。单机联线自动化冲压技术占用资金较少，适合于多车型、小批量、高质量的大型覆盖件的冲压生产。

单机联线自动化冲压线在国内、外竞相发展，成为汽车大型覆盖件自动化冲压生产的先进工艺技术之一，而且发展势头强劲。在我国，经过近年来的新建和传统冲压线联线自动化改造，大约有10%的现存冲压生产线属于这种类型。

近年来，国外全自动关键技术取得很大进展并得到了广泛的应用，例如全自动换模系统、拉伸垫数字控制技术和功能完善的触摸屏监控技术等，使单机联线生产效率逐年提升。在全自动换模系统中，模具更换的全过程由压力机自动完成，整个过程最多需要十几分钟，而这只需要操作人员在触摸屏上设置好模具号即可。

全自动换模系统具有以下功能：

1）平衡器与气垫压力自动调整功能。

2）装模高度、气垫行程自动调整功能，定位调整精度达0.1mm。

3）模具自动夹紧、放松功能。

4）高速移动工作台自动开进、开出功能。

3. 大型多工位压力机

大型多工位压力机一般由拆垛机、大型压力机、自动送料系统和码垛系统等组成，具有生产效率高、制件质量高的特点，特别适合大批量冲压件的生产。其生产节拍可达16~25件/min，是单机联线自动化冲压线的2~3倍，是目前世界上高效、先进的板材冲压设备，它代表了目前车身覆盖件冲压成形的高水平和发展方向。

在我国，由于大型多工位压力机结构复杂，造价昂贵，占用资金非常多，并且柔性不及单机联线自动化线，目前能够用于大型覆盖件冲压的多工位压力机还不多。

4. 其他压力机

上述压力机主要是应用于汽车外覆盖件的冲压设备。除此之外，目前国外还有一些压力机正处在研究和应用的前沿领域，如伺服压力机和高速压力机等。

目前厂商已经制作出了市场化的伺服压力机产品，其与常规压力机相比具有以下优势：

1）滑块行程按需调整，完全消除无效行程，生产效率超高。

2）运行过程实时调整滑块状态，可以精确到微米级，抑止产品出现毛刺，精度超高。

3）运行噪声大幅降低，过程振动也大幅减少，模具使用寿命提高，噪声超低。

4）可以设定滑块速度曲线和下死点停留等工艺需要的特殊工作模式，柔性超高。

5）无离合器，驱动部件较少，润滑油与电力损耗少，节能效果超强。

高速压力机主要满足精密小型电子零件的冲压需求。目前冲压节拍为4000件/min的超高速压力机已经被开发出来。

2.2 自动送料系统

随着工业发展对冲压生产效率、精度、安全等方面提出的更高需求，冲压手工送料已逐步被自动化送料系统取代，这也是实现多工位冲压的根本要求。

1. 机械手自动化送料系统

在单机联动自动化冲压线中，采用机械手自动化送料系统是实现联线自动化的一种可行方案。其主要由数控上料手、取料机械手和穿梭小车组成，相邻两台压力机间的输送单元主要包括取料真空吸盘式端拾器、穿梭小车和放料真空吸盘式端拾器。

取料机械手配置取料真空吸盘式端拾器，负责将工件从上位压力机中取出并放置在穿梭小车上，穿梭小车沿着压力机间的固定轨道将工件输送到下位压力机的放料手位置；放料机械手配置放料真空吸盘式端拾器，负责将工件从穿梭小车上取出并放置到下位压力机中。

机械手自动化送料系统结构复杂、维修工作量大。德国米勒万家顿公司在最新一代用于摆杆式多工位压力机上的摆动横杆式输送机（Swingarm-Transfer）的基础上，开发出了快速横杆式输送系统（SpeedBAR），如图 2-1 所示。该输送系统结构简单、输送效率高，可以实现模具和端拾器在单机联线自动化冲压线与多工位压力机之间的互换。国内已有多家主机厂采用这一自动送料系统。

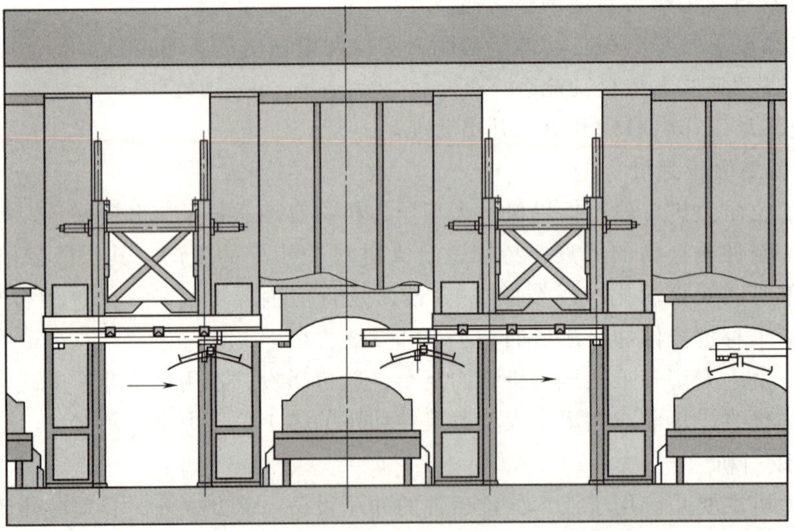

图 2-1　SpeedBAR

2. 多工位压力机自动化送料系统

多工位送料系统是一个类似移动臂的装置，主要作用是把冲压件从一个工位移到另一个工位。多工位送料移动杆沿着模区移动，它们是主要结构件，移动冲压件的端拾器就安装在这些结构件上。在汽车冲压车间，根据送料的传动方式分，多工位送料系统主要有机械送料、电子送料和组合式送料。

根据工件的输送方式不同，多工位压力机送料系统可分为三坐标式和真空吸盘式。近年来，随着多工位压力机“同时出多件”的工艺需求，真空吸盘式自动送料系统得到了更多应用。例如，日本小松公司的新型多工位压力机较多采用真空吸盘式送料系统，德国舒乐公司广泛采用的横杆式“CrossBAR”也属于这种方式，如图2-2所示。

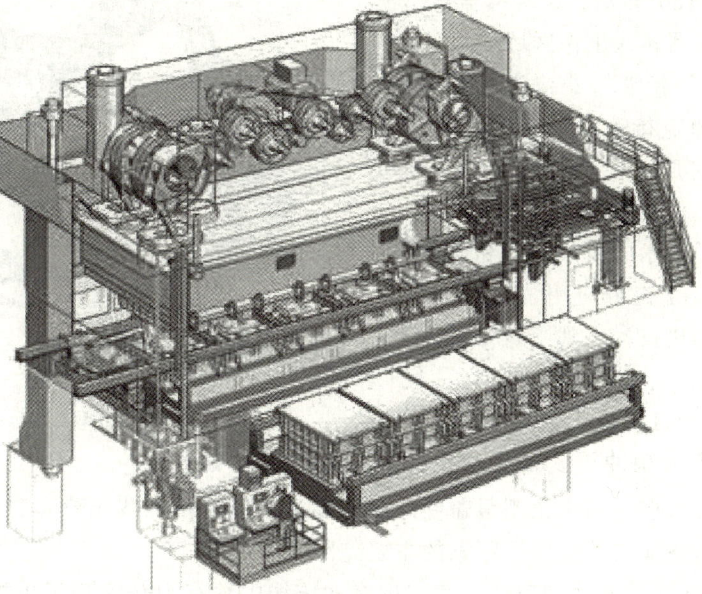

图2-2 横杆式CrossBAR

3. 机器人自动化搬运系统

由于单机联线自动化冲压线在侧围等大型覆盖件冲压生产中的独特优势，其与多工位压力机共存发展的局面将长期存在。其中，六轴机器人技术日趋完善，成本越来越低，使用也越来越普及，其高度柔性越来越显示出其优越性。更多冲压线开始配备机器人自动化搬运系统。

在机器人自动化搬运系统中，作为自动化输送系统的主要部分，机器人主要完成板料拆垛、各压力机间的自动上料、下料、板件传送翻转等工作，以取代人工操作。机器人通过控制系统保持与压力机的随动和连锁，完成机器人的运动控制、气动与真空系统监控及安全防护等。

机器人的末端安装有端拾器，用于执行抓取板件的功能。由于板件为薄壁件，适合采用真空吸附的工作原理抓取。真空吸盘布置在高强度合金或碳纤维材料制成的端拾器支架上，吸盘数量及其布置方式依据具体的板件而定。气路控制系统带有真空度检测传感器，通过检测吸盘内的真空度判断板件是否吸附到位、搬运过程中板件是否掉落等。端拾器的结构与板件外形有关，因此不同的板件与不同的工位均需要配置不同的端拾器。

近年来，为了克服六轴机器人搬运过程中板件的抖动以及进一步提高生产效率，机器人自动化搬运系统开发出了旋转七轴技术和端拾器自动更换技术。旋转七轴技术是在机器人第六周轴上加装一个伺服控制旋转臂，实现工件在上、下工位压力机间搬运过程中的平移，避免了以往工件因180°旋转而产生的抖动与脱落，便于机器人搬运过程的提速，如图2-3所示。端拾器自动更换技术是在全自动换模过程中，机器人控制系统根据操作人员输入的模具号实现以下功能：

1）原端拾器在旋转台上的自动定置和接头自动放松。

2）旋转台 180°转动，原端拾器转出工作区域，新端拾器转入工作区域。

3）机器人与新端拾器接头自动夹紧，迅速回到工作原点待命。整个过程在全自动换模过程中完成，从而大大缩短了非生产工时，提高了整线的生产效率。

图 2-3　旋转七轴机器人

伴随着电子技术的发展，联机、联线、联网等技术得到了充分应用，我国金属板材冲压设备自动化技术得到了长足的发展，具有如下特点：

1）单机联线自动化冲压线与大型多工位压力机是当今大型冲压装备自动化技术发展的两大趋势。但是用于大型覆盖件冲压的多工位压力机在我国汽车工业中的应用很少，这是我国冲压装备业与欧美发达国家的主要差距。

2）经过近年来的新建和改造，我国现有冲压线中约有 10%实现了单机联线自动化，部分生产线采用了 SpeedBAR 或旋转七轴机器人等先进输送系统。

3）鉴于我国汽车工业生产集中度较低，新车型换代越来越频繁的客观事实，在未来几年，单机联线自动化冲压线仍然是发展主力，用于大型覆盖件冲压的多工位压力机可能会在中外合资汽车厂率先应用。

2.3　万家顿自动化冲压生产线

德国米勒万家顿股份公司（Müller Weingarten AG）创建于 1863 年，是世界上生产压力加工设备最著名的公司之一。其总部位于德国万家顿市，主要产品系列有：机械压力机、液压机、大型多工位压力机、冲压生产线、冲槽机、开卷线、锻造设备、压铸设备、模具等。

2.3.1　简介

1. 组成

米勒万家顿自动化冲压生产线由板料引入装置、5 台依次排列的压力机和自动化输送机构（SpeedBAR）组成，如图 2-4 所示。在这条冲压生产线上，板料引入装置将板料自动拆垛，经过清洗机对板料清洗和涂油机对板料涂油，将板料送入第一台压力机，依次排列的五台压力机按照冲压工艺对板料进行多次冲压成形。

快速横杆式自动化输送系统如图 2-5 所示。每台压力机之间的自动化输送机构负责工件的传送，端拾器装置在一根由两侧导轨导向的横杆上，其有效作用区域可以覆盖整个台面，由 SpeedBAR 将成品件放到传送带上，再由人工将成品冲压件取出并放在工位器具中。稳固的横杆式机械结构使得输送速度加快，冲压线生产效率明显提高。

图 2-4 万家顿自动化冲压生产线

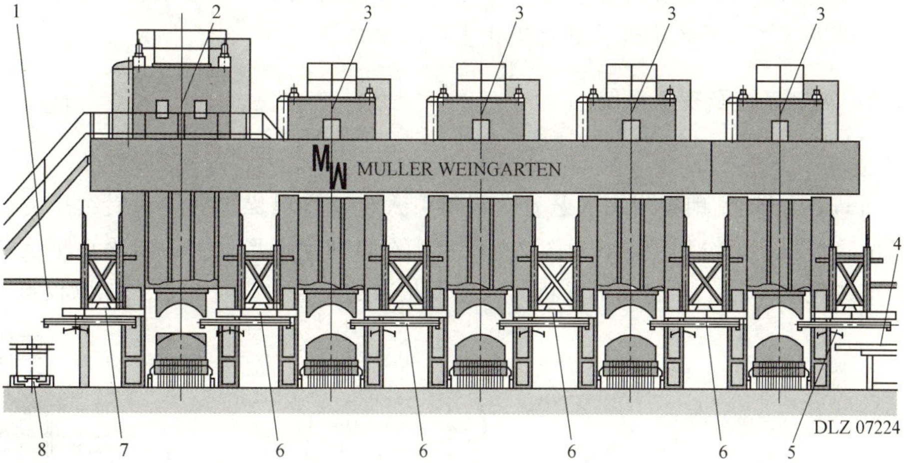

图 2-5 快速横杆式自动化输送系统

1—板材引入装置 2—头台压力机 3—后序压力机 4—成品件取件传送带机
5—下料机械手 6—传输机械手 7—上料机械手 8—零件存放台

2. 特点

万家顿自动化冲压生产线技术含量高、性能卓越，能够满足高质量、大批量生产的需求，是提高冲压生产技术水平的基本条件，也是提高劳动生产率、改善劳动条件的前提。它具备以下特点：

1）全自动。万家顿自动化生产线的运行方式是全自动的，操作者只需要将板料放在料垛小车上，设备就可以根据设定好的程序自动生产出零件，全程由各个系统计算机和中控计算机控制，不需要人员参与生产。

2）封闭式。自动化生产线采用了全封闭设计，可以有效防止灰尘等杂物进入设备，保证了设备和模具精度以及制件的清洁，同时全封闭的设计避免了人员的进入，对保证人员安全起到重要作用。

3）人员少。自动化冲压线生产的都是大型冲压件，如果是手工操作至少需要 26 人，而现在操作设备进行生产只需要 10 人，在减少了操作人员的同时大大降低了工人的劳动强度。

4）效率高。传统的手工生产线生产频率可以达到每分钟 6 次，自动化冲压生产线的最高冲程次数可以达到每分钟 13 次，目前实际生产频率平均可达到每分钟 12 次，效率是手工操作方式的 2 倍。

3. 应用

近年来米勒万家顿公司高度重视快速发展的中国市场，目前大型压力机线在中国市场有 300 台，公司在大连设有全资子公司——米勒万家顿（大连）锻压机械有限公司，为中国的用户提供全面的增值服务。

在国内首先由一汽轿车引进第一条万家顿自动化冲压生产线获得成功之后，一汽大众二厂相继引进了 2 条万家顿自动化冲压生产线，其后上海通用东岳汽车、北京奔驰、广汽等企业相继引进该生产线。生产柔性好和生产效率高是冲压技术发展和提高的主要方向，米勒万家顿公司开发的快速横杆式输送系统朝此方向迈出了坚实的一步。快速横杆式输送系统的出现，为高速发展的中国汽车工业提供了一条与世界先进的汽车工业接轨，并使用摆动横杆式多工位压力机进行冲压件的现代化和规模化生产的捷径。

2.3.2 控制系统及安全系统

1. 组成

（1）拆垛站 拆垛站即板料引入装置。板料引入装置将料垛拆分，为后续压力机提供适合生产的单张板料，系统如图 2-6 和图 2-7 所示。在自动生产形式下，料垛小车装载完成后自动驶入生产区域停靠、升起到拆垛机器人抓取板料的位置。拆垛机器人抓取板料并进行双

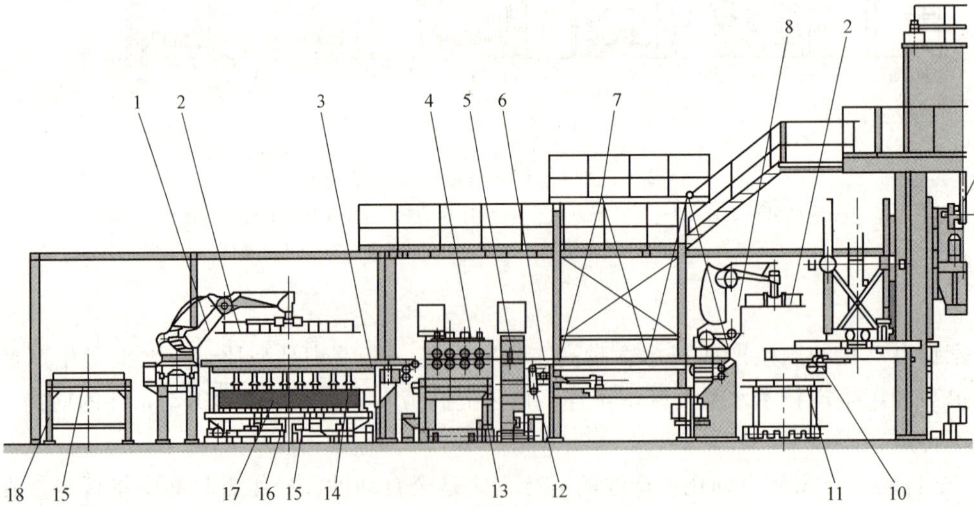

图 2-6 拆垛站主视图

1—拆垛机器人 2—板料 3—带式输送机 1 4—清洗机 5—涂油机 6—带式输送机 2
7—摄像系统 8—对中台机器人 9—头台压力机 10—SpeedBAR 11—板料存储台
12—过渡传送带 13—行走驱动 14—纵向挡块 15—托盘 16—料剁车
17—料垛 18—双料台

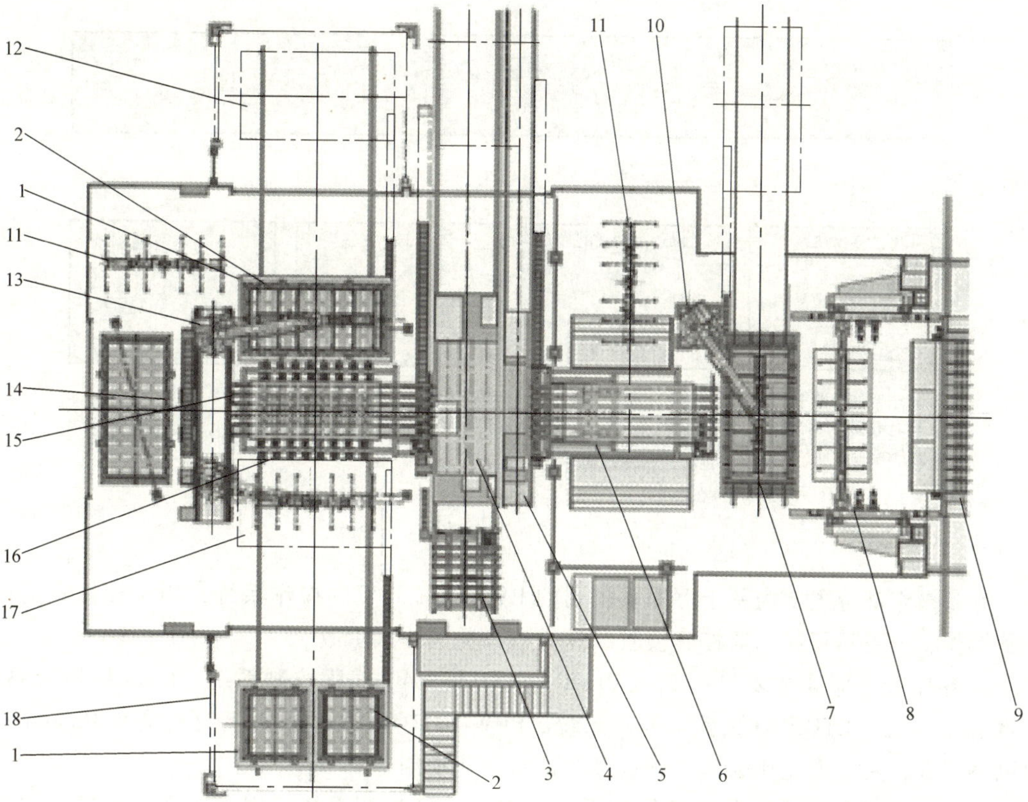

图 2-7　拆垛站俯视图

1—料垛车　2—托盘　3—过渡传送带　4—清洗机　5—涂油机　6—带式输送机 2　7—板料存储台　8—SpeedBAR　9—头台压力机　10—对中台机器人　11—更换位　12—装载位　13—拆垛机器人　14—双料台　15—带式输送机 1　16—挡块系统　17—拆垛位　18—空间防护

料片检测，如果没有问题，将板料放到带式输送机 1 上。之后板料经过清洗机、涂油机后达到带式输送机 2 的位置，由 VMT 摄像系统对板料位置进行识别，与之前预存的正确位置进行对比后将偏差值传输给对中台机器人，然后对中台机器人进行抓取动作校正后抓取板料，最终放置到对中平台上。

（2）压力机部分的结构与功能　万家顿自动线共由 5 台压力机组成，头台压力机为 2000t，带有可调节拉伸垫，后 4 台压力机为 1000t。5 台压力机为万家顿进行冲压生产的最主要的设备，主电动机带动飞轮通过装载在滑块上的不同模具依次完成拉延、切边、整形、冲孔等工序，最终完成冲压零件的生产。

（3）自动化传输部分的结构与功能　自动化输送机构即 SpeedBAR 负责将工件在各压力机和各组成部分之间的传送。头台 SpeedBAR 负责从对中平台上将机器人码放好的零件放入第 1 台压力机，最后 1 台 SpeedBAR 把在第 5 台压力机中成形后的零件放到带式输送机上供操作人员码放。

2. 控制系统

（1）硬件架构　万家顿冲压自动线的控制系统由设备操作部分、设备自动化部分、逻辑控制部分、常规控制部分组成，如图 2-8 所示。

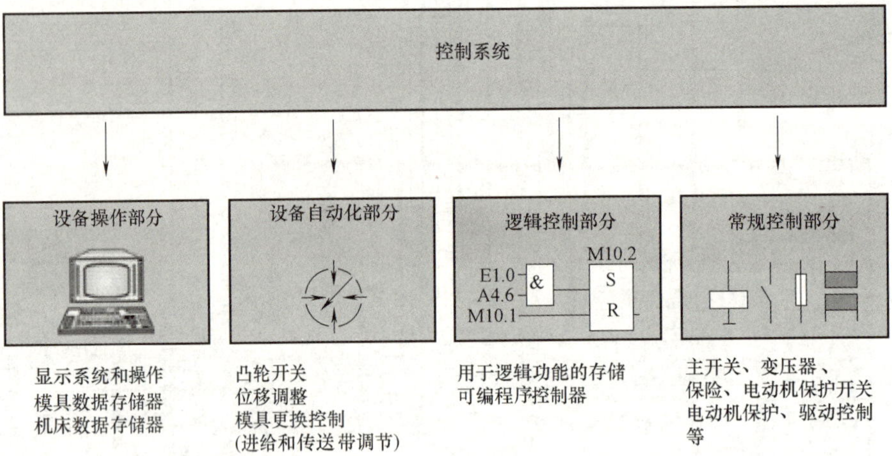

图 2-8　万家顿冲压自动线控制系统

设备操作部分主要为基于万家顿公司的 PVIS 系统开发的操作系统，用于操作人员进行设备操作、设备运行状态监控、模具、压力机参数的输入更改。

设备自动化部分主要包括 SpeedBAR 的 INDARMAT 伺服控制系统、kuka 机器人系统、VMT 摄像系统、CTIVEIO 拉伸垫控制系统、SEW-EURODRIVE 调速驱动系统及 Roland 双料检测系统等，用于实现压力机各组成部分的自动化控制。

逻辑控制部分主要分为 PLC 控制系统及 PSS 安全控制系统，用于实现压力机的逻辑运算以及连接各不同的控制系统。除安全部分外，全部由 PLC 控制系统完成。

常规控制部分主要以西门子公司产品为主，用于实现开关、变压及保险等功能。

（2）工作原理　万家顿自动化冲压生产线由机械、液压、气动、电气甚至光学部分的元器件组成，正是这种复杂的设备结构和较高的功能要求决定了万家顿控制系统由各种不同的控制系统组成。而西门子 PLC 控制系统作为连接各不同系统的中间枢纽起到了关键的作用。设备操作部分通过工业以太网与这 8 台西门子 S-400PLC 工作站相连。设备自动化部分以及逻辑控制部分中的 PSS 安全控制系统部分，通过 Profibus-DP 总线与这 8 台 S-400PLC 工作站相连。

3. 安全系统

典型的大型冲压生产线长约 40m，宽约 8m，地面上高度约 10m，地下深度约 6.5m。生产现场输入输出设备分布在这个广大的空间中，而控制系统所在的电柜放置在冲压线旁边高度为 6m 和 10m 的电柜平台上。

（1）安全特点

1）设备可能对人员造成严重的伤害。从欧洲机床安全等级分析结果看，大型冲压设备中的安全回路必须达到 4 级，部分在安全栅栏封闭后才运行的回路可以是 3 级。

2）设备可能对自身或者生产模具造成严重的、难以恢复的伤害。冲压设备及安装在设备中用于冲压不同零件的模具都非常昂贵，而且也是因为昂贵，这些设备和模具绝大多数情况下仅有一台，设备和模具一旦损坏，恢复非常困难，而且耗时。冲压设备是轿车生产中的

第一个环节，如果这个环节停止生产，无法提供冲压件，后续的生产全部要停下来，会给轿车厂造成难以估量的损失。

（2）控制流程 冲压线系统布局如图2-9所示。垛料车自动将板料送入冲压线物料机器人工作区，机器人将板料拆垛，并逐一通过磁性带式输送机送入涂油机进行涂油。涂油后，送入对中台将板料进行定位。物料机器人将对中好的板料抓取，并送入第一台压力机；然后六轴机器人在5台压力机之间进行物料传递；最后送至尾线，有两条传送带将最后压成形的板料送至成品堆放区。

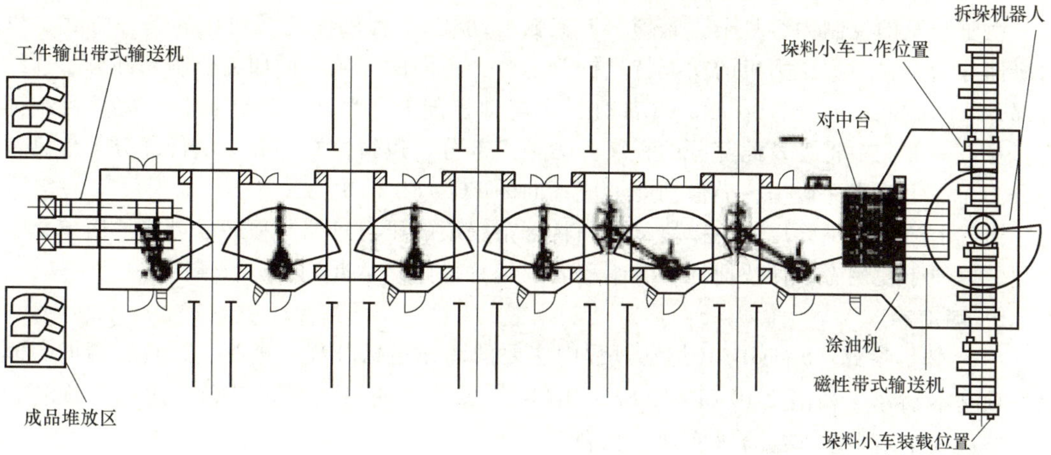

图2-9 冲压线系统布局

（3）安全要求

1）紧急停止。在发生事故时按下紧急停止按钮，使生产线上机器人的所有动作立即停止，压力机立即停车，如压力机的主电动机、离合制动器、液压站、压缩空气入口等全部停止。紧急停止切断所有动力回路（电、气、液），所有的电控柜及控制台中断工作。当紧急停止时，生产线两边各有一个红色信号灯闪烁。紧急停止会引起以下现象：在压力机控制板上显示故障号；在主控制台及相关单元的控制台上显示故障发生的位置及内容；紧急停止按钮处于按下状态；紧急停止按钮位于每个安全围栏门“申请进入控制台”上及主控制台上。紧急停止时，信号灯、可编程序控制器不供电，电子凸轮信号以及安全组件上的压缩空气不切断。

2）立即停止。立即停止的作用等同于紧急停止（即机器人及压力机立即停止运行，压力机滑块在回程时允许继续运行并停在上死点），但不切断运行回路，其作用仅限于立即停止的那个单元（机器人+压力机）。立即停止按钮安装位置是：每个机器人控制台、每个压力机控制台、每个双手按钮、主控制台和线末零件计数台。

3）运行模式。正常的运行模式：对每一个控制台（压力机除外）有两个运行模式，即“自动”和“手动”，在每个控制台上有一个“自动/手动”转换开关。生产线以自动方式运行时，压力机以单次行程的方式运行，但在上死点必须停车等待指令。

手动模式“MANU”：这种模式可以实现所有的动作，但必须按照该零件规定的轨迹动作。从手动模式到自动模式的转换必须尽可能地快、简单。

4）故障诊断。自动化控制系统能通过现场总线实时监测生产线的运行状态，对机器人、PLC 与压力机的异常状态能及时进行报警并进行相应的诊断。

（4）安全防护　每条自动化冲压生产线都必须具备安全门、升降门、光栅保护、紧急停止按钮、压力安全阀等安全保护装置。

4. PLC 系统

万家顿自动化冲压生产线可以划分为以下功能区域：中控台部分、拆垛站部分、涂油机部分、头台压力机及其自动化部分、后续压力机及其自动化部分。

由于涉及的控制内容复杂、繁琐，万家顿自动线 S7 程序使用模块化的编程方式。以压力机部分为例，根据压力机的功能特点拆分为各个不同的区域。例如离合制动部分、连续润滑部分、间歇润滑部分、SpeedBAR 部分、主电动机部分、移动工作台部分、模具控制部分等。在每一部分中将涉及此部分的程序分为输入部分、逻辑控制部分、执行部分、信息输出部分。而在每一程序段中将类似功能形成不同的 FC、FB 模块。

通过上述 3 种不同层面的模块化编程将复杂繁琐的压力机控制程序尽可能地简单化、条理化，以便于使用者方便快捷地了解编程者的编程思路，掌握设备运行情况。

5. 端拾器

（1）基本参数　SpeedBAR 运动过程中主要的动作包括升程、进给、旋转、横向、倾斜这 5 项基本动作，如图 2-10 所示。SpeedBAR 的零件传输只能通过升程、进给、旋转、横移、倾斜 5 个基本动作配合来实现，见表 2-1。

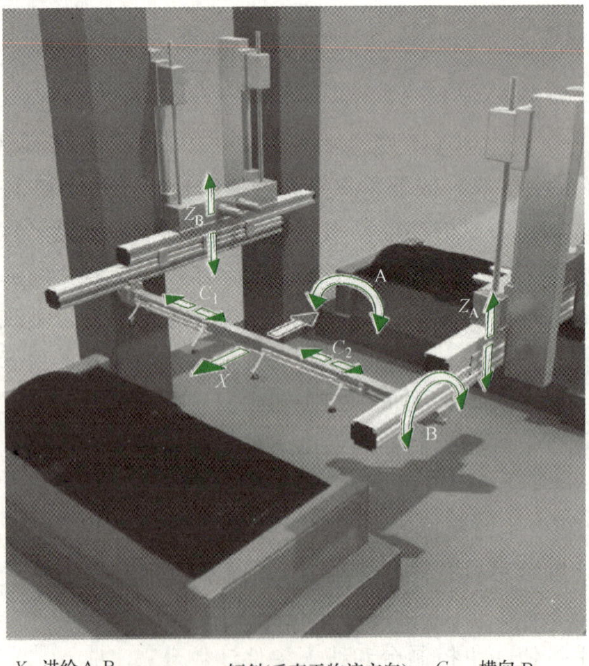

X=进给 A，B　　A=倾斜（垂直于物流方向）当 $Z_A \neq Z_B$ 时　　C_1= 横向 B

Z_A=升程，A-侧　　B=摆动（在物流方向上）　　C_2= 横向 A

Z_B=升程，B-侧

图 2-10　SpeedBAR 的基本动作

表 2-1　基本动作功能

升降行程 A 和 B	170~430mm 这个范围内进行升降运动
移送行程 A 和 B	SpeedBAR0 的移送行程从 1000~6000mm，+/-150mm SpeedBAR1~4 的移送行程从 0~6000mm，+/-150mm SpeedBAR5 的移送行程从 0~4500mm，+/-150mm
摆动 A/B	+/-15°（不能进行单个调整）
横向 A/B	+/-150mm，左、右两侧机械手可进行单个调整
倾斜	+/-7.5°

（2）关键位置　SpeedBAR 的位置及轨迹如图 2-11 所示。

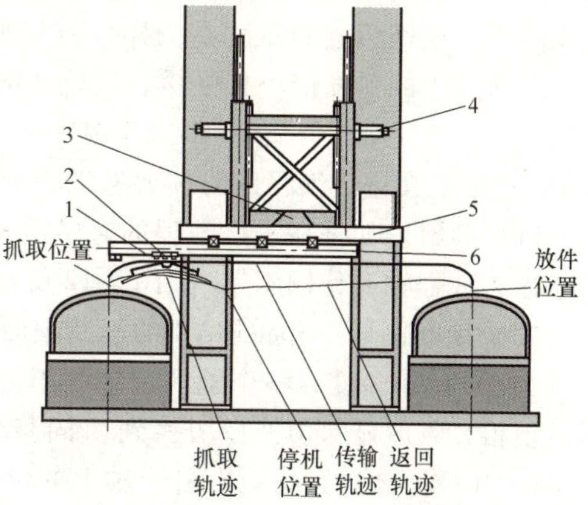

图 2-11　SpeedBAR 的位置及轨迹

1—吸盘横杆　2—穿梭送件装置　3—进给驱动装置　4—举升-行程驱动装置　5—支承导轨　6—伸缩式导轨

1）SpeedBAR 位置。SpeedBAR 位置指 SpeedBAR 在升程、进给、旋转、横向、倾斜这 5 个动作上相对于这些动作零点位置的相对位置。在进行 SpeedBAR 编程时也是针对这几个数值进行编辑。

2）SpeedBAR 轨迹。在自动模式下以及在调整模式下可通过双手按钮操作 SpeedBAR 运动的轨迹。进行 SpeedBAR 编程就是针对这个轨迹进行的。自动化生产时 SpeedBAR 也是根据编程给定的轨迹进行运动的。特别需要注意的是，当通过寸动方式改变 SpeedBAR 某一个轴运动后，SpeedBAR 将脱离这个轨迹。如果想使 SpeedBAR 恢复到这个轨迹上，就需要把之前做的更改进行还原，使 SpeedBAR 重新同步到轨迹上来。

3）SpeedBAR 角度。SpeedBAR 在运动轨迹上从停机位置开始运动，进入前一序模具抓取零件，然后通过传输放入下一序模具，最后退回到停机位置。这一循环过程被定义成 360°的循环。SpeedBAR 在轨迹上的每个位置都对应不同的角度。

4）停机位置：SpeedBAR 角度为 180°，SpeedBAR 的初始、停机位置，自动化开始以及 SpeedBAR 运动一个循环的开始位置。

5）抓取位置：SpeedBAR 进入前一序模具抓取零件时的位置。它所对应的角度：SpeedBAR0 为 246°，SpeedBAR1~5 为 289°

6）放件位置：SpeedBAR 将零件放入到下一序模具时对应的位置。它所对应的角度：SpeedBAR0~4 为 58°，SpeedBAR5 为 75°。

7）抓取轨迹。SpeedBAR 从停机位置运行到前一序压力机中抓取零件位置的轨迹称为抓取轨迹。出于安全考虑，万家顿公司对这段轨迹的编程进行了限制，这段轨迹的弧度只能通过选取轨迹 1~4 来改变 4 种不同的弧度。其中，轨迹 1 的弧度最小，轨迹平缓，轨迹 4 的弧度最大，轨迹起伏大。

8）传输轨迹。SpeedBAR 从前一序压力机中抓取零件位置运行到后一序压力机中放置零件位置的轨迹称为传输轨迹。在调试期间所关注的安全距离就是指这段轨迹从前一序压力机出来时以及进入下一序压力机时，SpeedBAR 上表面与模具（上模）下表面之间的距离最小值。

9）返回轨迹。SpeedBAR 从后一序压力机中放置零件位置运行到停机位置的轨迹称为返回轨迹。出于安全角度考虑，万家顿公司对这段轨迹的编程进行了限制，这段轨迹的弧度只能通过选取轨迹 1~4 来改变 4 种不同的弧度。其中轨迹 1 的弧度最小，轨迹平缓，轨迹 4 的弧度最大，轨迹起伏大。

10）轨迹号。要特别说明的是虽然举升动作是在 170~430mm 这个范围，但是在改变行程的时候，需要选择轨迹号。其中，轨迹 1 最高的举升行程是 170mm；轨迹 2 最高的举升行程是 280mm；轨迹 3 最高的举升行程是 380mm；轨迹 4 最高的举升行程是 430mm。在每种轨迹的范围内可以对举升数值进行设定，而这 4 种不同的轨迹最大的区别是 SpeedBAR 的抓取轨迹以及返回轨迹的弧度不一样（这里所说的弧度是在运动过程中举升动作上的变化）。其中，轨迹 1 的弧度最小且平缓，轨迹 4 的弧度最大，轨迹起伏大。需要强调的是整线的轨迹号必须一致，如果在 SpeedBAR0 选用了举升轨迹 1，其他的 SpeedBAR 也只能选用举升轨迹 1，这也是在进行编程的时候要考虑一个重要因素。

11）倾斜。如果在进行编程的时候需要用到倾斜这个动作，需要在送进/行程调整画面中选择“冲程轴允许倾斜”，如图 2-12 所示。

（3）诊断画面　SpeedBAR 的诊断画面如图 2-13 所示。调整过程中，通过这个画面可以知道 SpeedBAR 角度、各个轴的位置等相关数值。当在进行单个轴调整的时候，可以通过右侧各轴相关数值显示切换栏切换到“同步数值”，然后对比进行单个调整完成后的位置与 SpeedBAR 按照轨迹运行时在各个轴上的位移差。这对调整 SpeedBAR 很有帮助。

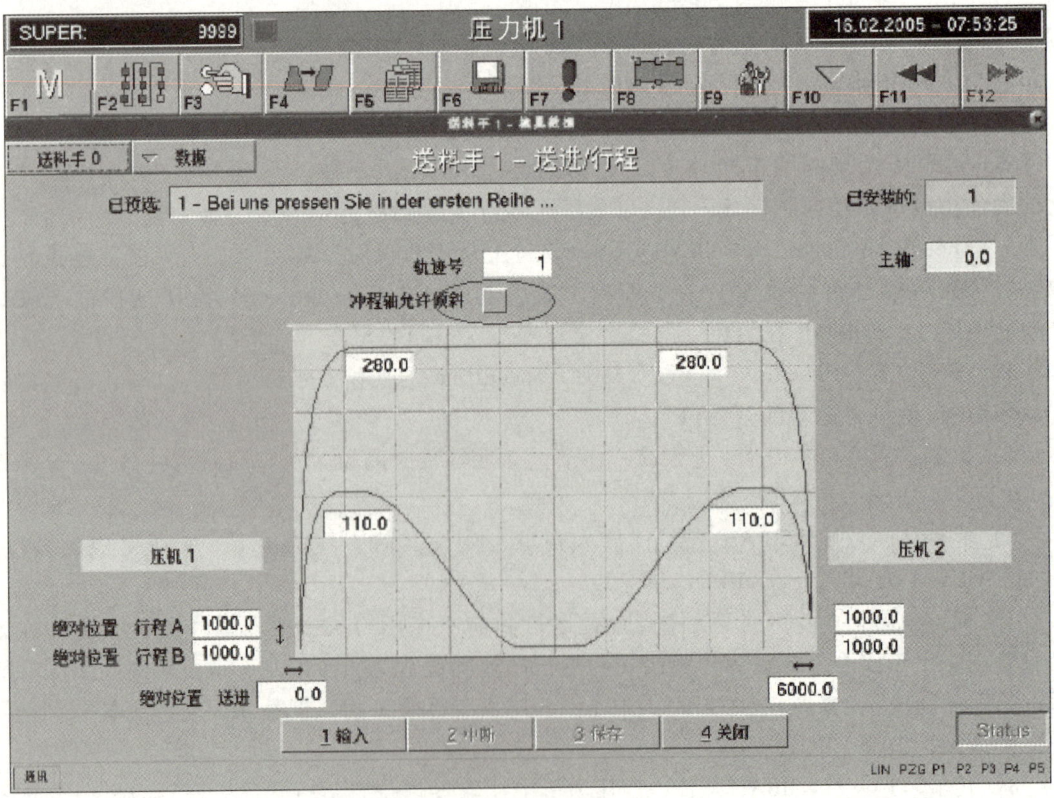

图 2-12　冲程轴倾斜

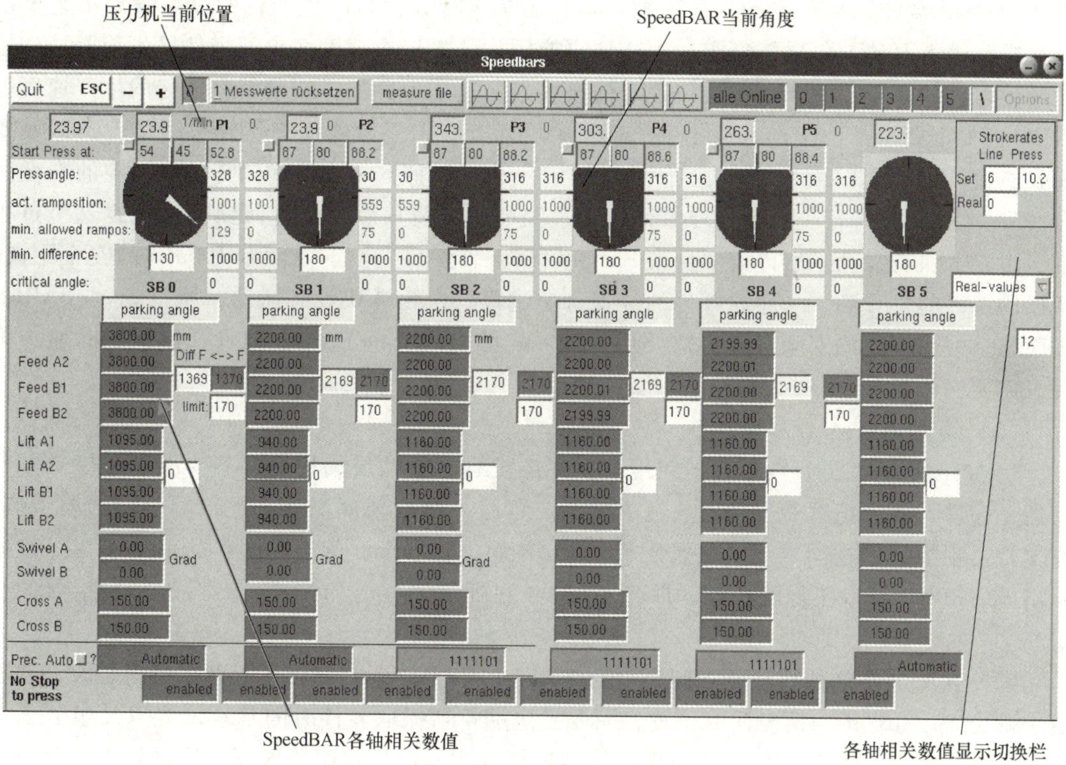

图 2-13　SpeedBAR 的诊断画面

（4）编程要求

1）工艺要求。由于冲压生产的零件尤其是外观件对零件表面质量要求非常高，所以在零件抓取过程中必须保证零件不发生变形。在放件时，应该在距下一序模具的零件正确码放定位位置之上 20mm 的距离内放下零件，并且在零件传输过程中不能与模具发生干涉。这就要求 SpeedBAR 在上、下模之间很小的距离内做出不同的动作，在符合上述要求的同时完成零件的传输。

在现场调试期间需要有工艺人员配合，在进行完每一步编程后要求工艺人员对编程后的轨迹进行确认，保证不因自动化传输的过程造成质量的缺陷以及模具的损害。

生产频率的确定也与工艺、质量有关系。在开始进行自动化编程的前期，首先要分析模具结构，然后初步确定每套模具理想状态下能达到的最高的整线速度。

2）设备要求。自动线设计的最高生产频率是 13 次/min，而生产频率主要是由 SpeedBAR 的举升速度的数值所决定的。举升速度不可能无限提高，这就要求编程人员在保证能完成零件运输前提下尽量降低 SpeedBAR 的举升高度，尽可能提高整条线的生产频率。对于 SpeedBAR 来说，不同的模具结构对于举升高度的数值影响很大，像顶盖模具，在举升方向对编程影响较小，后续模具结构也相对简单。这样的模具是最有可能达到整线生产频率 13 次/min 的。而对于类似的模具（顶盖、单件门内板、非铝板的发动机罩内外板和后行李箱内外板）可以在调试开始阶段就尝试在举升方向用轨迹 1（170mm）来进行编程。像侧围外板就只能在举升方向用轨迹 2 甚至是轨迹 3 来进行调试。但是模具结构对于编程的影响只能在进行调试的时候才能最终确认。

3）生产要求。由于自动化编程的根本目的是进行大批量的生产，所以在满足工艺要求的前提下最重要的就是要能稳定地生产，不能因为一味追求速度而出现零件抓不稳而掉件这种导致停机的现象。完成自动化编程时的整线最高速度也并不意味着就是最终的生产速度。

4）安全要求。由于在自动化生产过程中可能存在由于故障而突然停机的情况，这就要求 SpeedBAR 在取出零件、放入零件的过程中，必须保证 SpeedBAR 与模具有一定的安全距离。SpeedBAR 从等待位置到抓取零件这个过程中，以及从放件位置回到等待位置这个过程中，由于滑块有运动，所以需要保证 SpeedBAR 上表面与上模下表面有 100mm 的安全距离。从抓取零件的位置到下一序放零件的位置这个过程，由于滑块没有运动，所以 SpeedBAR 上表面与上模下表面的安全距离只需要保证 50mm 即可。SpeedBAR 在取件、放件的时候与下模只需要保证最少 30mm 的安全距离。

（5）编程流程

1）在模拟器上进行端拾器的粗组装。在还没有上自动线编程前，需要准备出模具每一序的工序件，然后把这些工序件放在下模上，然后一起放到模拟器上进行端拾器的粗组装。在端拾器粗组装的过程中，要在保证 SpeedBAR 距下模 50mm 的安全距离的前提下，尽量模拟出 SpeedBAR 抓取零件的状态，即 SpeedBAR 在抓取零件时的位置，然后进行端拾器的粗组装。

需要强调的是这种状态可能到上自动线调整时发生较大的变化，所以在粗组装时，并不要求确定 SpeedBAR 的精确抓取位置，而要确定端拾器抓取零件时的基本位置以及组装出端拾器的基本构架。在完成粗组装后把端拾器副杆与主杆的连接部分松开，这样做首先避免了在轨迹还没有确定的情况下进行 SpeedBAR 操作时可能出现的碰撞，使得端拾器硬性连接造成 SpeedBAR 的损坏，其次方便到自动线上进行精确的调整工作。

进行端拾器的粗组装对未来编程最大的影响就是初步判定出在抓取零件时举升动作的数值。在此要记录举升的数值（即距离模拟器平台的距离，再模拟器上有刻度表显示）。摆动、倾斜这两个动作在模拟器上不做设计，让这 3 个数值保持原始状态。在进给、横移这两个动作上根据不同模具可能需要稍有调整，但是大多数情况下都保持原始位置不动。所以这几项数值就不记录了。

2）确定生产频率。根据模具自动化调整的情况，初步推测每套模具在理想状态下能到达的最高整线生产节拍。

如果是从拆垛站过来的双料，那么整线的最高冲程频率为 10 次/min；对于铝板料，整线的最高冲程频率为 10 次/min；如果选择举升轨迹 1，整线的最高冲程频率为 13 次/min；如果选择举升轨迹 2，整线的最高冲程次数为 12 次/min。

当开始进行端拾器调整工作时，最好先对整体模具结构进行分析。进行第一次调整时，最好选择模具结构比较简单的模具。这主要是为了在长时间没有进行此项工作或者第一次进行此项工作时，通过结构简单的模具重新熟悉自动化编程，找到编程的感觉。

3）前期数据输入。前期应把大量的与所调整模具相关的机床数据和模具数据输入到机床中。需要输入的数据包括 SpeedBAR 的大体运动轨迹、取放件位置、摆动横移的角度和数值、压力机的预选等。由于车间已经完成了和 JSC 模具的自动化编程，所以已经有大量的模板可以供新模具选择；如果没有合适的模板，仍可以对模具结构进行分析，进而分析出 SpeedBAR 的大体运动轨迹，从而选择一套以前已经调整过的类似轨迹作为新模具的编程基础。

关于预选，要特别强调的是虽然直接复制过来的选择项基本上符合新模具，但还是要逐条看一遍。

4）SpeedBAR0 初步调整。首先把一张位置不正确的板料码放到取料台上，估计出调整端拾器机械手0可能的取料位置后，把调整端拾器机械手0开到此位置，然后根据模具结构初步调整端拾器机器手0的取件高度。由于从取料台上抓取的板料是水平进入模具的，所以在确定取件高度时，完全可以选择50mm这个最低的取件高度，然后调整端拾器各个吸盘的位置。

在吸盘位置调整完成后把板料放入第一套模具里，拉伸垫抬起到本套模具进行拉延的最高位置，把调整端拾器机械手0打到取件位置。调整时，应该用寸动的方式来运行轨迹，直接走到取件位置。在此过程中，在压力机里面由相关调试人员即时通报端拾器机械手的运动情况，避免发生意外的碰撞。主编程人员在压力机外进行端拾器机械手的操作和运行轨迹编程。

当打到取件位置后，调整端拾器的放件位置，把端拾器吸盘打到吸取的位置，然后打开安全门对取件位置进行确认。确认完毕后，将零件尽可能垂直地举起贴附到吸盘上，然后把板料抓取后放回取料台。放料后，把调整端拾器机械手0放回其停机位置，输入相关的测量数据。一般情况下，在给进方向用SpeedBAR的默认数值；在举升方向，在保证零件在进入模具时不与模具定位发生碰撞的情况下尽量选择小一点的数值。横移和摆动在调整SpeedBAR0的时候很少使用，但是在特殊情况下，也会使用这两个动作。此时并未完成调整端拾器机械手0的调整工作。

5）机器人2及VMT摄像系统的相关调整。将板料放到取料台上后，把机器人2放到端拾器调整位置，调整机器人2的端拾器。调整完成后，用机器人2把板料取回放到带式输送机2上，进行VMT摄像系统的编程工作。最后，校正机器人2的取料位置。

首先要说明的是机器人2以及机器人1的运动轨迹是不用进行调整的。针对不同的板料要做的只是端拾器的调整工作。在拆垛站的操作面板中选择吸盘调整，把机器人2放到端拾器调整位置。要保证端拾器上连接吸盘的杆垂直于板料，并且轻微地压在板料上，在这种状态下进行端拾器的调整工作。当进行完端拾器的调整工作后，在拆垛站的操作面板中选择基础位置，把机器人2放回到基础位置，在拆垛站的操作面板中选择返回位置，当机器人到达板料上方后选择吸取，抓取板料；然后当机器人运行到对中台和带式输送机中间位置停止后，再次选择返回位置，等到机器人2到达带式输送机2上停止后，选择抓取，让机器人把对中台上的零件抓取后放到带式输送机2上；最后，放下板料，这时的板料在带式输送机上的位置就是机器人2进行抓取时毫无偏差的位置，也是基于这个位置进行VMT摄像系统的调整工作。

6）机器人1的相关调整。根据之前估计的板料码放位置进行相关料垛部分的机床数据更改，在拆垛站的操作面板中选择调整吸盘位置，把机器人1放到端拾器调整位置进行调整。然后，进行取料放料动作，再根据此动作校正机器人1的放料位置，必要时调整料垛的码放位置。

需要说明的是由于机器人1的运行轨迹对于不同的零件都是一样的。所以在进行机器人1的端拾器调整工作时，如果发现板料位置不合适，只能调整板料在料垛拍子上的位置。大部分情况下，料垛码放在料垛中心线与料垛拍子中心线重合的位置上。

板料码放在料垛小车上的位置每次要求是固定的，这时，把机器人 1 放到进行端拾器调整的位置进行端拾器的调整工作。在这里，进行端拾器调整时，首先要保证端拾器连接吸盘的杆垂直于板料，然后尽量压低吸盘，让连接杆的弹簧尽量压缩。

机器人 1 抓取完零件放到带式输送机 1 上传输到带式输送机 2 后，板料位置可能超出了 VMT 摄像系统的检测范围。这时，可以对机器人 1 在 *X* 方向的放料位置（也就是板料在 VMT 摄像系统中的 *Y* 方向）、带式输送机 2 的运转停止位置（也就是板料在 VMT 摄像系统中的 *X* 方向）以及 VMT 摄像系统的检测范围进行调整，使板料进入到 VMT 摄像系统的检测范围。

7）双料检测装置调整。在调整完两个机器人的动作后，对双料片检验装置进行编辑、校正。首先在进行步骤 5）和 6）的时候先要保证双料检测装置的吸盘均匀地接触板料，因为这是双料检测装置正确识别板料的基础。

8）轨迹及端拾器位置调整。后续 SpeedBAR 轨迹的调整工作是整个调整过程中最困难、风险最大的部分。在进行轨迹及端拾器位置调整时，要根据不同的模具具体分析。

首先准备好要调整模具的工序件，在开始调整时把这些工序件放入到每套模具里面，其中压力机 1 的拉伸垫位置要放在同步位置，即压力机冲压后拉伸垫的位置。

安装好各个 SpeedBAR 的端拾器，把端拾器每个支杆放到水平位置，并且保证支杆和端拾器主杆没有固定连接。这样做是为了在没有轨迹程序的情况下进行调整，保证 SpeedBAR 在进入模具时即使发生意外碰撞也能把损失降低到最低点。

把进行端拾器调整时，将取件位置高度输入到 SpeedBAR 编程画面下，这时就可以开始进行 SpeedBAR1 抓取轨迹的调整。编程人员进行 SpeedBAR1 的操作时，协助人员在压力机内部进行观察，直到把 SpeedBAR1 运行到取件位置，SpeedBAR1 ~ 5 的取件角度为 289°。然后，进入到压力机内部观察 SpeedBAR 处于取件位置时是否保证了 50mm 的安全距离。

当确认完 SpeedBAR1 的抓取轨迹后，并不急于开始端拾器的调整工作，而是进行 SpeedBAR2 ~ 5 抓取轨迹的编程工作，把 SpeedBAR 都停放到取件位置。如果有空工位，就进行到最后一套模具然后停止。

让端拾器调整人员从 SpeedBAR5（或者在有空工位的情况下最后一个进入模具的 SpeedBAR，以后不再重复说明）开始调整端拾器，当调整完端拾器后，进行 SpeedBAR5 传输轨迹以及返回轨迹的编程工作。与此同时，端拾器调整人员可以调整 SpeedBAR4 的端拾器。当进行完 SpeedBAR5 传输轨迹以及返回轨迹的编程后，可以立即进行 SpeedBAR4 的传输轨迹以及返回轨迹的编程工作，不用再次等待端拾器人员进行端拾器的调整工作。然后开始对 SpeedBAR5 的传输轨迹以及返回轨迹进行编程。SpeedBAR5 应处在 289°这个取件位置，此时端拾器已经调整完成。

9）SpeedBAR0 最终调整。操作机器人 2 把板料放回到取料台上，对端拾器机械手 0 进行最后的调整工作。由于之前虽然输入了 SpeedBAR0 的数据但是并没有进行过轨迹运行，所以 在这里运行一下轨迹，看举升高度是否合适，零件与定位是否有干涉，SpeedBAR 是否保证了安全距离。如果有不合适的地方，重新进行调整。

在进行整线自动化生产时，SpeedBAR0 是在拉伸垫还没有到达最高点的时候到达放件位置的，所以如果在进行编程调整的过程中遇到了模具空间过于狭窄的情况，调整时可以允许 SpeedBAR0 与下模的安全距离小于 50mm。在开始进行自动试运行时，手要放到急停按钮上，如果发生意外情况要及时按下急停键。

10）进行整线的自动调整。当完成自动线所有相关动作的调整后，不要急于进行整线的自动化试运行，首先要再次进行每一序的运动，尤其是各个 SpeedBAR 的运动。这时让协助人员在外面进行操作，编程人员在压力机内部进行观察，这样做的目的是：让编程人员对安全距离进行再次确认，保证 SpeedBAR 不会发生碰撞；让不同的人员观察 SpeedBAR 运动，可以一定程度上保证观察得更全面、仔细。每一序的运动完成后配合模具制造厂家的工作人员调整好零件检测传感器，避免在整线运行时停机。

在完成上述工作后，以 5 次/min 的生产节拍进行生产。如果没有问题，依次提升到本套模具的最高生产节拍。在此期间如果遇到问题，依次解决。运行过程中，最常遇到的是 SpeedBAR 掉件的问题，首先要恢复整线初始状态，再次开始整线生产，这时在出现掉件的地方进行观察，分析掉件的原因。分析是由于零件在运送过程中与模具发生了碰撞，还是由于 SpeedBAR 不能抓稳零件造成的，或者用手动操作的方式观察 SpeedBAR 的运动轨迹。如果是零件在运送过程中与模具发生了碰撞，要微调 SpeedBAR 的轨迹；如果是 SpeedBAR 不能抓稳零件，则要更改端拾器上吸盘的角度、位置、数量、大小等。调整完成后，逐步提升整线的运行速度，在整线运行频率小于 8 次/min 的时候，稳定运行一段时间以后推荐按 1 次/min 提升，大于 8 次/min 的时候，稳定运行一段时间以后推荐按 0.5 次/min 提升，直到达到或接近设计的生产节拍次数。至此完成了全部的自动线程序编程及端拾器调整工作。

（6）端拾器　端拾器是安装在 SpeedBAR 上用于抓取、运输以及码放零件的工装。端拾器需要配合不同的模具以及不同的生产工序进行组装调试。而端拾器上吸盘抓取零件的位置以及角度对冲压自动化运行有很大影响。如果错误地选择了端拾器抓取零件的位置或者角度，零件在传输过程中就会发生变形、掉件或者无法被抓取的现象。尤其是在完成每一道工序的编程工作进入到整线提速的优化过程后，端拾器的这种影响就非常巨大。

在调整翼子板的模具时，零件从第 4 序放入第 5 序时，之前调整好的端拾器在整线以 8 件/min 生产时，能非常牢固地抓取零件，但是当生产频率提高到 8.5 件/min 时，SpeedBAR4 就会出现零件脱落的现象。最初，对模具零件在抓取瞬间进行了分析，发现抓取的轨迹以及吸盘的位置选取并没有问题。后来，通过对模具的结构进行分析，发现零件是在本序进行零件的翻边工序。当完成翻边后，模具的斜楔虽然沿零件翻边处的法向退后了，但是零件仍然与模具本身存在 3°的干涉。这时，就必须对在此处抓取零件的端拾器吸盘的角度进行调整。最后，在反方向增加此处端拾器吸盘的吸取角度后，使 SpeedBAR4 在抓取零件时通过真空力使零件发生少量变形（这种变形必须保证零件在放入下一序后，通过回弹能保证在质量要求的范围内）后，才摆脱了零件与模具的干涉。

调整侧围外板左边的模具，零件从第 3 序放入第 4 序时，SpeedBAR3 在整线生产频率为 6.5 件/min 时能正常运转，而整线速度提升到 7 件/min 时，会出现零件无法抓稳的现象。当 SpeedBAR3 在运行过程中通过真空检测装置检测零件是否抓稳时发现零件并未抓紧，立即出现报警，设备随即进入停机状态。但是当设备停止后，在真空检测监控画面中发现此时检测装置是检测到了零件的。只能通过动态检测对问题进行分析，发现零件在抓取时并不能完全抓牢零件，在 SpeedBAR3 运行到约 283°后才能完全抓稳零件。SpeedBAR3 在轨迹 2 下的零件检测是在 280°后开始的，所以不得不对端拾器上的吸盘进行调整。但是无论怎样调整端拾器吸盘的位置或者角度，仍然存在这个问题。后来发现是由于此处的端拾器选择了4个吸盘对零件进行抓取，真空发生器里的空气必须在同一时间供给4路吸盘进行抓取。虽然抓取的点足够多，但是每一路上的吸力变小了，导致这一侧无法抓稳零件。把吸盘由原来的4个减少到3个，此后SpeedBAR3就未发生过抓取零件不稳的故障。

（7）优化方案　首先，都是在端拾器组装模拟器上预先组装端拾器，然后在Speed-BAR放到零件的抓取位置上时进行精确调整。通常情况下，都是依次把SpeedBAR发到抓取零件的位置上后完成每个SpeedBAR上端拾器的精确调整，然后进行SpeedBAR的轨迹编程。由于SpeedBAR必须满足本序在SpeedBAR对应压力机及后序压力机安全门全部关闭的前提下才能运转，而端拾器的调整工作必须保证安全门打开时设备处于锁止状态，所以每次要进行一个SpeedBAR的轨迹编程工作要先等待端拾器的精确调整的完成，这样就出现了大量的等待时间。于是，就对此流程进行了优化：把所有SpeedBAR同时发到零件的抓取位置，让端拾器调整人员从最后一序开始端拾器的精调工作，然后当完成端拾器调整工作后，编程人员就可以从最后一序开始SpeedBAR的轨迹编程工作，同时端拾器调整人员可以进行上一序的端拾器调整工作。这样的调整顺序主要的优点就是在满足了设备的安全要求的前提下，巧妙地压缩了调整时间，使整个流程调整时间大量缩短。

6. 图像处理系统

目前，已出现了基于德国VMT公司图像处理系统开发的具有对冲压上料原件定位及位置调整的机器人搬运系统。该系统的组成、工作流程及被冲压工件机器人定位过程，为冲压上料过程提供了一套自动化、柔性化应用方案，可以有效克服冲压原件的装卡误差，大大提高冲压质量。

近年来，随着机器人技术在冲压自动化生产中的普及应用，机器视觉系统这一新兴技术也进入到日常的生产应用当中。在汽车制造厂万家顿冲压自动线上，用于拆垛站上的VMT摄像系统机器人就是采用了此技术对零件位置做最终确认。随着对此系统不断地使用及了解，人们有了更深刻的认识。

（1）系统组成　基于视觉定位的机器人搬运系统由机器人、两个摄像头、VMT图像系统、搬运系统、两个搬运工位以及被搬运工件组成。其中，视觉系统由两个摄像头和德国VMT公司图像处理系统组成，其与机器人结合形成机器人视觉系统，用来确定工件在工位的摆放位置，保证在搬运过程中机器人能够准确抓取工件的规定部位。

（2）工作流程　系统工作如图2-14所示。万家顿自动线上拆垛站部分的主要工作是将料垛拆分，为后续压力机提供适合生产的单张冲压板。在自动生产形式下，料垛小车装载完成后自动驶入生产区域停靠、升起到拆垛机器人1抓取冲压板的位置。拆垛机器人1抓取冲压板并进行双料片检测，如果没有问题，将冲压板放到带式输送机1上。之后冲压板经过清洗机、涂油机后达到另一个带式输送机2的位置。VMT摄像系统拍摄冲压板位置，将拍摄下来的实际位置与之前编辑储存的标准冲压板位置进行对比后，将偏差值换算成机器人系统中的x、y、R_x、R_y的差值，之后机器人通过换算差值后改变抓取动作，抓取冲压板，最后将冲压板放到对中台上用于后续自动化生产。由于设备设计所致，机器人在冲压板抓取后必须水平旋转90°后才能将冲压板以正确的物流方向放到对中平台上。

（3）定位过程　VMT摄像系统的系统的组成如图2-15所示，配置见表2-2。

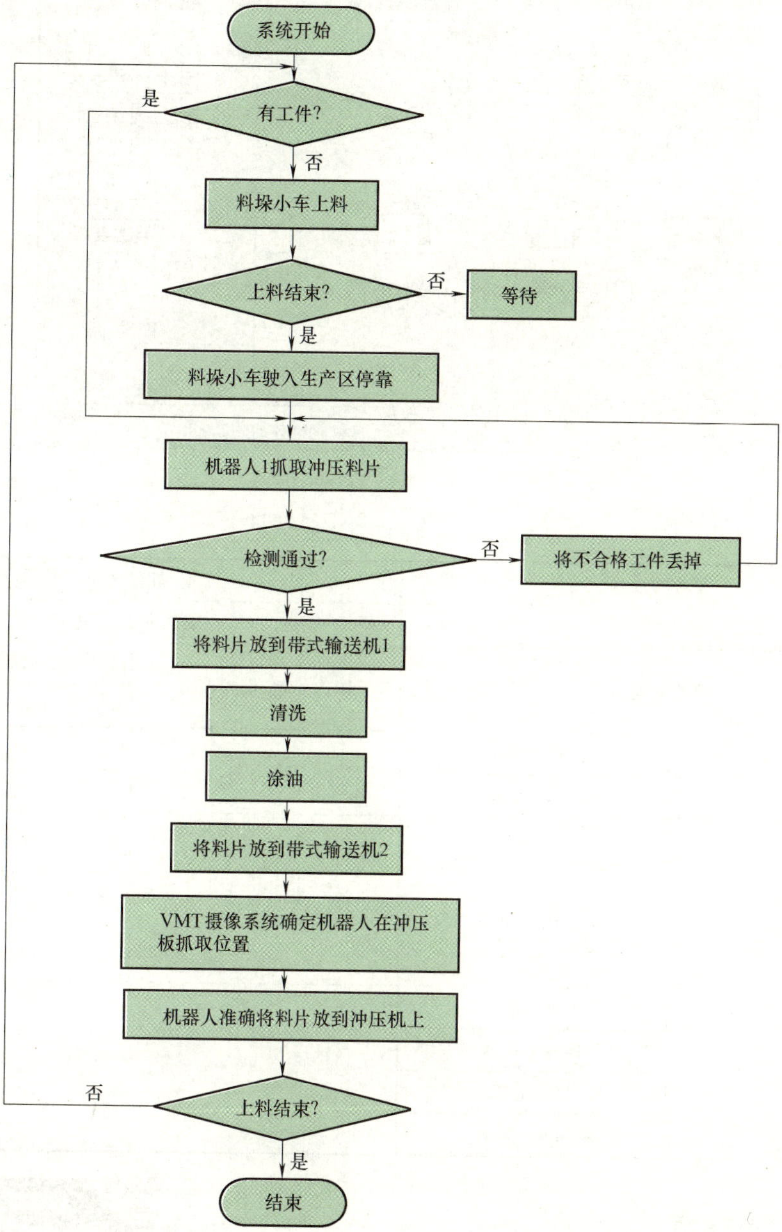

图 2-14 图像处理系统工作流程

VMT 摄像系统的模板匹配原理如图 2-16 所示。模板匹配原理是摄像系统的基本原理，是把搜索对象的图像在当前图像上平移，在每个位置上计算它们的相似度（不同的位置会有不同的相似度），匹配过程进行到最远的地方就是匹配点。

首先，要建立搜索模板，在采集到的图片上选出反差较大的标记点，将其周围一定区域定义为搜索区域。然后，在定义好的搜索区域内将标记点定义为参考点。最后，程序在运行过程中会将设定的标记点与实际拍摄下来的图片进行匹配，当标记点重合数最大时完成图像匹配。

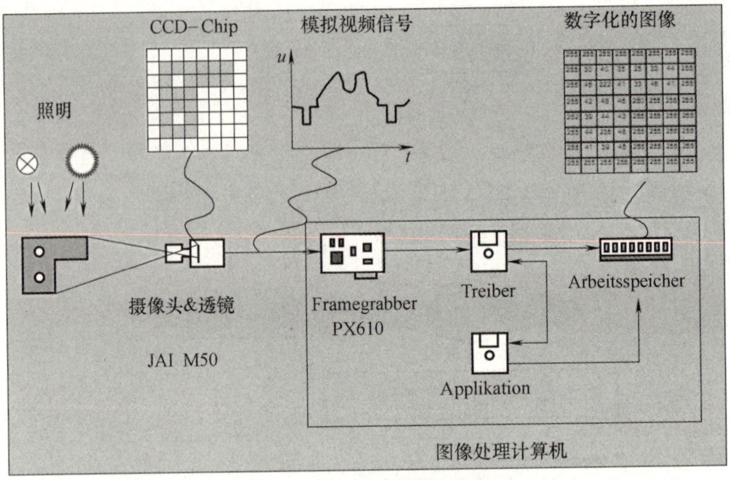

图 2-15　VMT 摄像系统

表 2-2　VMT 摄像系统配置

硬件构成		软件模块	
摄像头		图像采集、预处理	
照明灯光		图像处理/模式识别	部件搜索器
			新冲压板引入
计算机	图像采集卡	方位计算	计算组
	Profibus 通信卡		标记点
控制柜	ET200	通信模块	类型码
	Profibus DP/DP 耦合器		数据报
			握手信号
			检测过程
线缆	摄像头电源		
	摄像头视频		
	灯光电源		
	Profibus 通信		

2.3.3　故障分析

1. 真空发生器

（1）控制原理　气动吸盘通过气动阀的不同组合使压缩空气在其内腔形成负压来吸附工件。负压产生的方法有 3 种：挤压排气、真空泵排气和气流负压。气流负压式吸盘是在自动化生产线上最常用的气动吸盘，如图 2-17 所示。气流负压式吸盘产生负压的装置是真空发生器，其工作原理如图 2-18 所示。

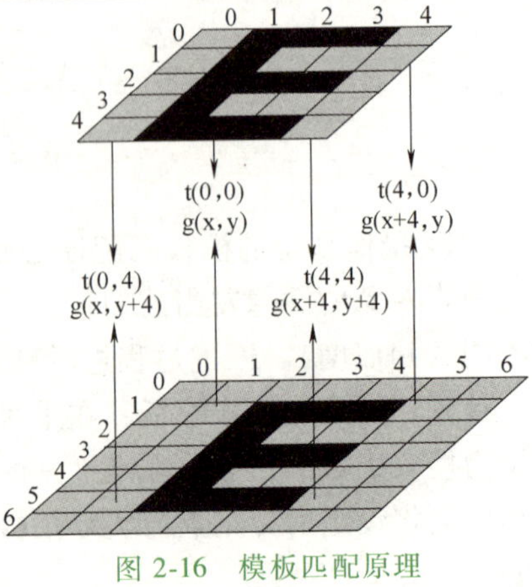

图 2-16　模板匹配原理

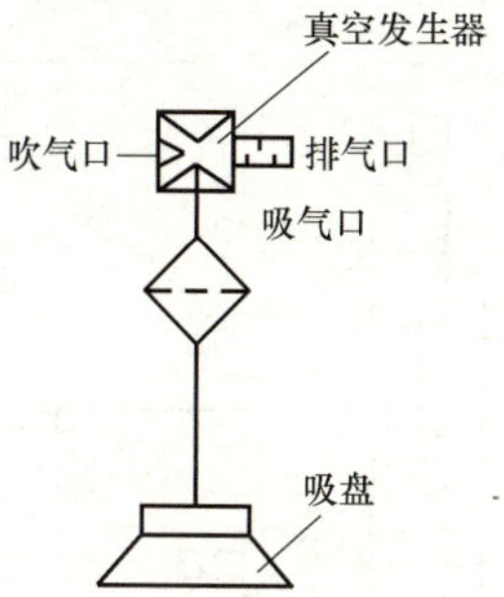

图 2-17 气流负压式吸盘

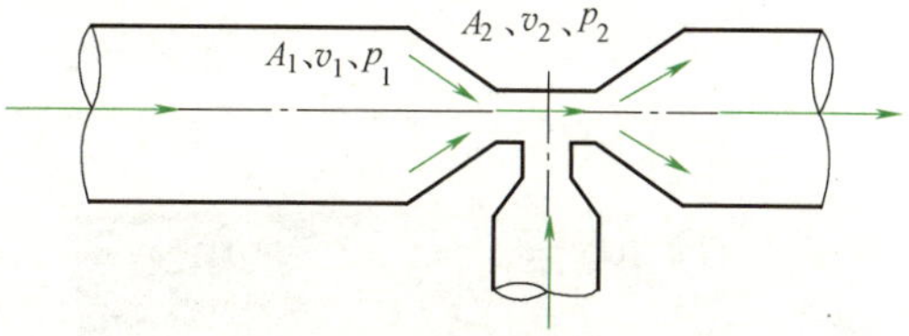

图 2-18 真空发生器的工作原理

A_1、v_1、p_1—截面 1 的通流截面、气体的速度、压力

A_2、v_2、p_2—截面 2 的通流截面、气体的速度、压力

在管道内恒定流动的气体有流量连续性方程：

$$A_1v_1 = A_2v_2 \tag{2-1}$$

有理想气体伯努利方程：

$$p_1+\frac{1}{2}\rho v_1^2 = p_2+\frac{1}{2}\rho v_2^2 \tag{2-2}$$

对于式（2-1）、式（2-2）分析后可知：截面积 A 越小，气体速度 v 越快，压力 p 越低，压力低于一个大气压时就产生负压，实现真空吸附，吸起工件。

由于真空吸附具有清洁、吸附平稳、可靠、不损坏所吸附物件的表面、能吸附薄而光滑金属表面工件的优点，使得它成为一种高效率、无污染、定位精度高和经济可靠的吸附方式。这也正是这种方是在对零件质量要求较高的生产线上应用日益广泛的主要原因。

（2）真空发生器的原理及故障维修　万家顿自动线上使用的真空发生器的实物以及工作原理如图 2-19 所示。

在实际生产工作中，技术人员经过前期的调试优化保证了端拾器吸盘位置后，在生产过程中仍然经常出现零件脱落现象。经过一段时期的观察以及分析后发现，由于真空发生器长时间使用以及在生产过程中不断抓取零件进行频繁的换向，导致了真空发生器内部的阀组发生了很大程度上的老化。当 SpeedBAR 在要抓取零件时虽然在正确的时间给出了电信号，但是由于真空发生器发生老化，电磁阀在换向时出现了一定时间的延时，无法正确抓取零件，或者无法在抓取瞬间稳定地抓取零件而出现零件掉落的现象，因而不得不停机。在高速生产时，经常出现零件掉落现象。针对这种情况，车间的维修人员进行了以下处理：

1）根据万家顿技术人员的建议更换真空发生器。

2）定期对真空发生器进行清洗。

以上两种措施都存在一些问题。对于更换真空发生器的方法，由于车间的空气质量以及零件表面的不洁净造成了真空发生器老化速度太快，进而导致真空发生器使用寿命的降低，更换频率过高。单个真空发生器的价格较贵，虽然这种方法解决了生产过程中的掉件问题，但是产生了大量的维护费用。而清洗真空发生器这种方法，由于真空发生器是精密仪器，这种清洗工作本身对真空发生器就有一定的损害，并且清洗后短期内延迟问题虽然有一定改善，但坚持时间不长。可以说这两种解决方式都不是很理想。因此技术人员提出了通过控制程序的优化来解

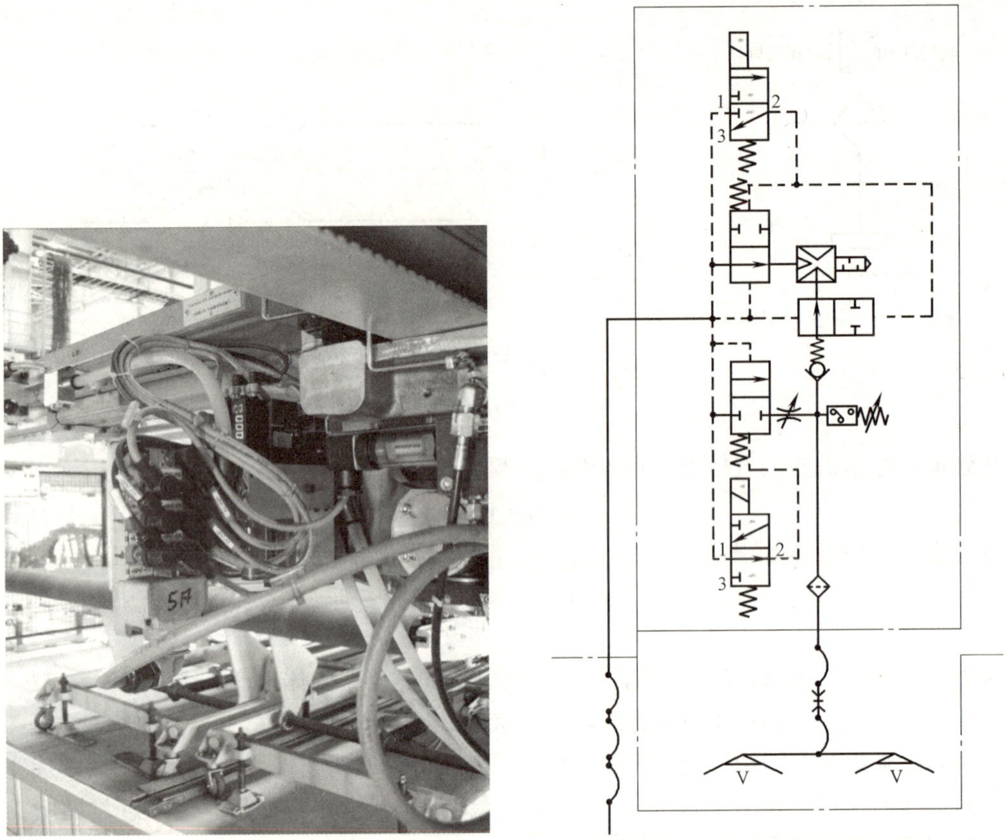

图 2-19　真空发生器

a）实物　b）气路

决真空发生器使用过程中的延时问题，进而解决生产过程中因此引起的掉件问题。

真空发生器的响应时间和真空度的关系如图 2-20 所示。

图中 T_1 的计算式如下：

$$T_1 = \frac{60V}{q} \tag{2-3}$$

$$V = \frac{\pi}{4000} d^2 l \tag{2-4}$$

$$q_1 = c_q q_e \tag{2-5}$$

$$q_2 = 1.1 c_q S \tag{2-6}$$

式中　T_1——吸附响应时间（s）；

V——真空发生器至吸盘的配管容积（m^3）；

q——通过真空发生器的平均吸入量 q_1 和通过配管的平均吸入量 q_2 中的较小者（m^3/s）。

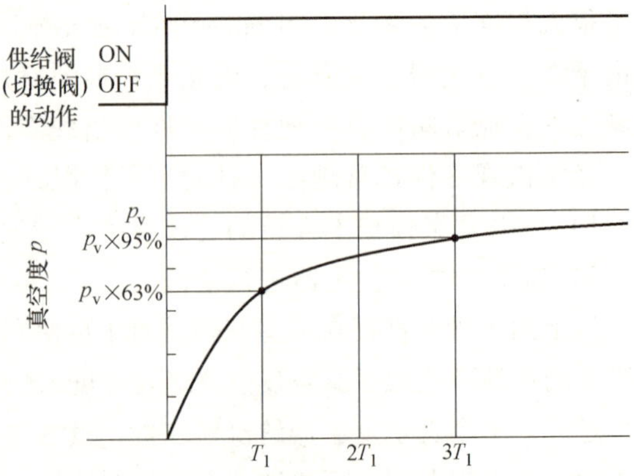

图 2-20　响应时间和真空度

p_v—真空发生器的真空度

d——配管的内径（m）；

l——配管的长度（m）；

S——有效截面积（m^2）；

c_q——系数，一般取 1/2~1/3，真空管路汇总流动阻力偏大时取 1/3；

q_e——真空发生器的最大吸入量（m^3/s）。

由式（2-3）~式（2-6）可知，在气管的内径、长度、有效截面积等都不变的情况下，当生产频率提高时，通过对吸附时间的调整（针对万家顿自动化冲压生产线来说就是调整 SpeedBAR 给真空发生器电信号的时间）是可以解决反应延时问题的。

此后技术人员通过对 SpeedBAR 的控制程序中，真空发生器给出的控制信号与 SpeedBAR、压力机其他信号的关联性进行了分析后，确认此信号并不会影响到压力机的安全问题。保证了优化的可行性后，技术人员在生产过程中进行了角度的试验。

在进行角度优化的过程中，遇到了两个问题。第一个问题就是在 SpeedBAR 未到达抓取零件位置前的一段运行轨迹很接近零件表面，如果真空发生器的换向过早，造成在到达正确抓取零件位置的时候就已经吸附上了零件，使零件位置发生改变，从而造成停机。第二个问题就是，如果优化时间不能弥补延时的时间，那么将无法通过这种方式来解决这个问题。

通过生产过程中的不断尝试，技术人员对 SpeedBAR 给出信号的角度进行了优化，使 SpeedBAR 比未优化前提前了 9°发出信号，提前换向，保证了 SpeedBAR 运行到取件位置时电磁阀已经完成换向动作，弥补了延时现象。从程序角度解决了高速生产因此产生的掉件现象。

3）定期更换内部滤芯。真空发生器在设备上有 36 处应用，每次故障都是因为滤芯脏堵严重，造成真空度不足，使整线停机，而由于它们的位置不同，造成出现故障的周期不同，所以加工人不得不经常恢复 SpeedBAR 的位置，维护人员不断地更换滤芯，不仅造成大量的停机时间，还浪费了人力。

通过长时间的观察发现，36 个应用的真空发生器中，SpeedBAR 的故障周期最短为 25 天，所以对所有 SpeedBAR 的滤芯更换周期固定为 20 天，使得自动线不再因 SpeedBAR 滤芯堵塞而停机。通过及时更换 SpeedBAR 滤芯的方法，更加科学周到地进行 SpeedBAR 的设备维护工作，节约了停机时间，减少了不必要的人力浪费真正实现了精益化生产。此方法实施了一年后发现，不用再更换真空发生器了，大大延长了真空发生器的使用寿命。

2. 平衡器

SpeedBAR 平衡器的组成如图 2-21 和图 2-22 所示。

（1）功能　为了使举升行程驱动装置卸载，在每个模块上安装了两个气缸作为重量平衡。缸体利用一个万向轴通过联轴节固定在驱动装置的支座上，活塞杆通过一个有螺纹的连接件与横梁连接。一个机械手的 4 个气缸与地下室的一个平衡装置储气罐连接。

（2）报警信息　在工作过程中系统报警“SpeedBAR 平衡器气压故障”。

（3）故障分析　在查看平衡装置储气罐压力时发现，在停止工作时，气压表数值低于 11.5bar（$1bar=10^5Pa$）的额定压力值，而且把进气口关闭时，气压会不断下降，这说明平衡装置有漏气现象。检查平衡器的呼吸孔，在不工作的情况下有压缩空气漏气现象，所以可以肯定平衡器的活塞密封有故障。

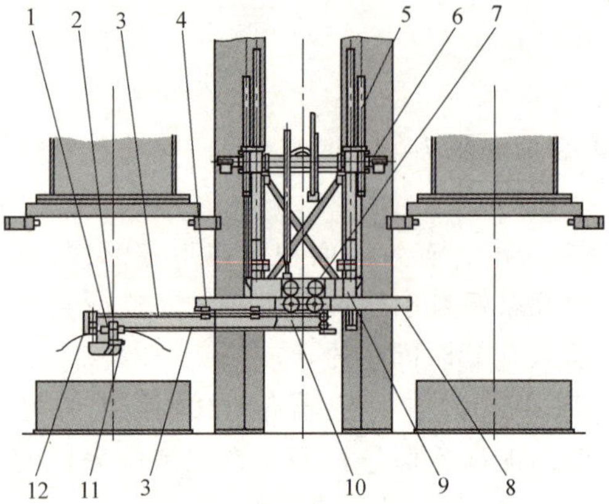

图 2-21 平衡器主视图

1—齿轮 2—抗扭离合器 3—连接管 4—伺服电动机 5—行星齿轮减速器 6—重量平衡装置 7—横梁 8—齿条 9—伸缩式护翼 10—锁止联轴节 11—板料存储台 12—过渡带

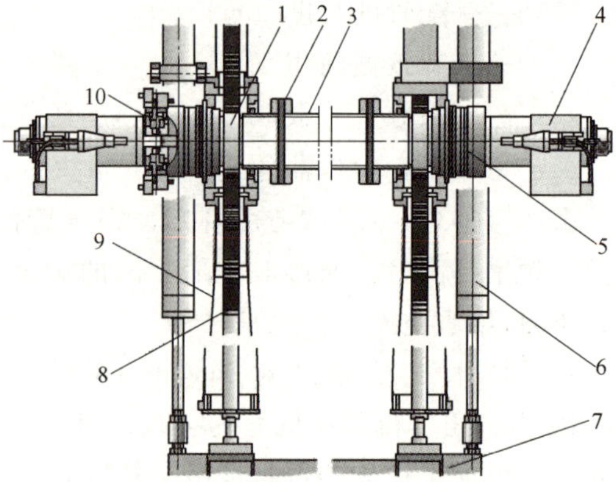

图 2-22 平衡器俯视图

1—齿轮 2—抗扭离合器 3—连接管 4—伺服电动机 5—行星齿轮减速器 6—重量平衡装置 7—横梁 8—齿条 9—伸缩式护翼 10—锁止联轴节

（4）措施 更换活塞的密封是唯一的方法，但是在查阅资料后发现没有此类密封件，国内也没有代理商家，只能到德国采购，而采购周期非常长、费用高。解决方法如下：

1）接空气压缩机。接两台大功率的空气压缩机，日夜轮换使用，由于空气压缩机的最大输出压力值为 8bar，所以把程序里的监测数值降低，暂时保证生产，但时间不宜过长。

2）在采购到密封件后，改造密封形式。原厂的这种组合式密封国内没有代理商，短时间内无法买到，改用德国 PARKER 公司生产的 Y 型密封件，型号为 02/80×64×8 和 01/25×37×8.5，它的材质为丁腈橡胶，线速度为 0.5m/s，压力为 20bar。由于活塞与密封不合适，需要改变活塞的外形尺寸来适应密封件。

3）改造润滑方式。因为密封形式不同，润滑方式和供油量也不一样。在原基础不动的前提下，要做两个改动：一是加大润滑量，缩短供油间隔；二是从主分油器的备用出油口接出一条油管，接到平衡器的上腔，形成滴油润滑方式，来适应新的密封形式。

3. 清洗机

（1）功能 板料的生产和运输会造成板料表面的污染，刃口区域小的碎屑和镀锌的脱落在成形模具中也会导致表面的损坏，剩余的油残留物也可能导致在成形时出现不可预见的故障。清洗机用于在板料通过期间对板料双侧进行清洗。在入口侧用引入辊接收板料，经过引入辊后的板料两侧通过喷嘴喷射液体清洗剂进行清洗，松动附着的污物被溶解并冲洗掉，然后板料通过挤干辊把多余的油挤干。挤干辊的工作原理如图 2-23 所示。

（2）更换 由于清洗机长时间运转，挤压和卡料都会使板料把挤干辊划伤，一旦出现划伤现象就会影响外观件的质量，造成废品率上升，这时必须更换挤干辊。

在更换挤干辊的过程中必须注意，挤干辊不能与其他物体硬接触，因为它是由无纺布制成的，硬接触会造成挤干辊表面的永久变形，不能恢复。

1）拆下箱体：拆卸清洗机前上导板和上、下箱体联接螺钉，拆卸清洗机后上导板和上、下箱体联接螺钉，拆卸清洗机左侧液压控制管路，拆卸左、右玻璃侧封板，拆卸 A、B 侧盖板内的上、下箱体联接螺钉，拆油雾分离器连接管，拆油雾分离器联接螺钉，拆卸洗刷辊驱动电动机线束，拆卸 B 侧顶部洗刷辊中心距调整电动机、油雾分离器电动机线束，起吊油雾分离器，安装上箱体起吊吊耳，起吊上箱体，码放上箱体。

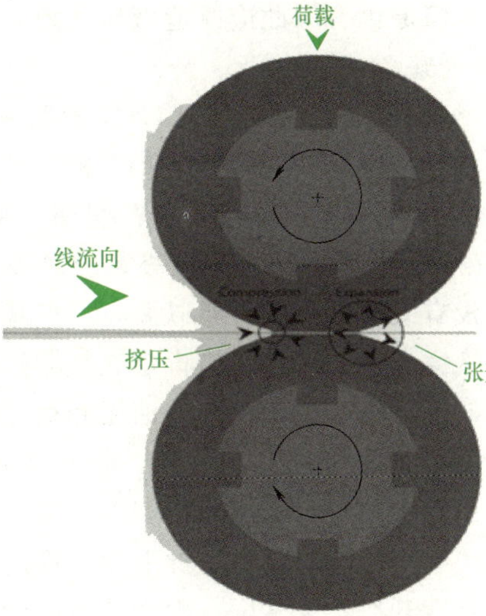

图 2-23　挤干辊的工作原理

2）拆卸上箱体：拆卸上箱体内过渡板，拆卸上箱体喷嘴处过渡板，拆卸上箱体 A、B 侧玻璃侧封板，拆卸上箱体 A 侧挤干辊驱动齿轮、洗刷辊联轴节，拆卸 A、B 侧润滑油管和棍子支架与箱体的固定连接件，起吊挤干辊 2（挂绒辊）。挤干辊 1 与此类似。

3）拆卸下箱体内部构件：拆卸碟形弹簧和垫片，拆下箱体挤干辊驱动齿轮带，拆卸下箱体喷嘴总成，拆卸下箱体下前后导板、喷嘴处过渡板和下箱体内导板，拆卸下箱体 A 侧挤干辊驱动齿轮联轴节和导入辊联轴节，拆卸 A、B 侧润滑油管和辊子支架与箱体的固定连接件，起吊挤干辊 2（挂绒辊），挤干辊 1 与此类似。

4）拆卸挤干辊轴承和齿轮：拆卸挤干辊 2（挂绒辊）A 侧带齿轮和轴承支架总成，拆卸挤干辊 2（挂绒辊）B 侧驱动齿轮和轴承支架总成，拆卸挤干辊 1 的齿轮和轴承支架。

5）安装挤干辊轴承和齿轮及挤干辊：安装挤干辊 2 的 A 侧的轴承支架和带齿轮，安装挤干辊 2 的 B 侧的轴承支架和带齿轮，起吊安装挤干辊 2（挂绒辊）。挤干辊 1 与此类似。

6）其他安装过程和工作：清洗机安装、清理检查工作。

4. 换向阀

（1）故障内容　在日常的工作中，拉伸垫的换向阀总是出现故障，频繁地更换新阀而找不到故障的根源，从而使得停机率居高不下，严重影响了生产进度，维修成本不断增加。这个问题一直困扰着技术人员，无从下手。

（2）解决措施

1）研究了力士乐公司的产品，通过力士乐公司的产品实验说明和一些实验数据，知道了 4WE10D33/CG24K4QMAG24 型号的换向阀的工作能力与极限功率，在流量为 30mL/min 时，工作压力最高可达到 315bar。

2）挤压缸工作时液压系统的最大压力是 320bar，由于液压冲击作用可能达到的压力会更高。

3）调研了万家顿自动线在其他汽车厂的应用情况，了解到大众公司用的是 8 点拉伸垫，其作用在各点上的工作压力相应减少了，只有 150bar，而大众公司用的也是力士乐 4WE10D33/CG24K4QMAG24 型号的换向阀，从没有出现过问题。

4）结合万家顿自动线换向阀在液压系统中的使用情况与工作状况，对液压系统回路进行研究讨论可知：万家顿公司在原设计和零件选型上出现了不合理情况，使得此换向阀总在它的极限功率下工作，极易疲劳损坏，使用寿命极短。所以造成了经常更换拉伸垫换向阀，但找不到故障原因，因此应改造液压系统，使用新型号、大功率的换向阀。

5. 氮气罐

（1）故障内容　液压离合器泵站管路发出异常的振动，这是因液压冲击所造成的故障。

（2）解决措施　在故障出现时，根据故障的现象查找原因。机床工作状态正常，但是液压系统的压力表不停在10MPa左右摆动，系统振动严重，这样的振动对设备的损坏是非常严重的。在查找故障时，首先检查系统的溢流阀，确定溢流阀无故障后，检查氮气罐。由于氮气罐上没有安装压力表，所以要在氮气罐的氮气接头上安装压力表，在安装的过程中，接头上有油液溢出来，这时可以肯定氮气罐损坏了。

更换氮气罐时必须把系统的油压卸荷，确定系统没有压力后才可进行。新的氮气罐在出厂时只作预充压力0.1MPa，而在实际的工作中需要的工作充入压力是10MPa，所以在安装前要先将氮气罐的压力提高到10MPa，氮气的充入要采用专用的工具。

将系统中有故障的氮气罐拆下后更换新的氮气罐，安装好之后，检查所有的连接是否紧固可靠，之后开启系统试压，检查是否有泄漏现象。

更换新的氮气罐后此前的液压冲击现象消失，此故障得以解决。

6. 电动机功率

（1）故障内容　SpeedBAR步进轴A_1功率放大>90%，步进轴A_1不同步。

SpeedBAR的步进轴有4个，由4个伺服电动机驱动，即A_1、A_2、B_1、B_2，每个电动机都有电流和功率监控。在工作时4个电动机的电流基本保持一致，而且动作一致。如果某个电动机的电流有突然的变化，超出规定范围，系统会给出报警信号，整线停机。这种停机的报警信息可以恢复，但是一旦重新工作又会出现。分析故障的原因，可能是4个轴不同步造成的，4个轴的电动机中有一个电动机的进给数值与其他3个不一致，就会引起此电动机的电流过大，从而报警。造成电动机不同步的原因有两种，一个是机械的，另一个是错误的脉冲信号和反馈信号。

（2）解决措施　解决故障最好和最快的措施是对发出报警信号的电动机进行轴校正，目的是保证4个电动机的动作一致，这样就不会有过载的电流。如果是机械上的原因造成电动机不同步，例如电动机抱闸有故障，那么无论如何校正电动机也恢复不了同步，只有更换电动机。如果是错误的脉冲信号引起的故障，就可以通过以下的校正方法解决。

轴校正方法：此方法要求有授权的人员才能进行操作，在发生故障的SpeedBAR相应的压力机屏幕上进行操作，按<F5>进入高速臂调整选项，输入用户名和密码，选择“输入”，选择“轴校正”，在校正值处填入比实际值小0.10mm的数值（如果试车时没有解决故障，那么就按此顺序将校正值填入比实际值大0.20mm的数值），选择“保存”→“输入”→“轴校正”→“保存”，恢复系统，试车。

7. 反馈电缆

（1）故障内容　在设备运转的过程中，整线突然停止，系统报警信息是SpeedBAR摆动，电动机驱动故障，不同步，按设备上的恢复按钮也不起作用，无法正常生产运行。

SpeedBAR负责自动线冲压件的传输，它的运动为升降、进给、横移、摆动4个动作，它的每个动作是靠伺服电动机带动的，而每个伺服电动机都有一个驱动器控制。

（2）解决措施　首先检查驱动器，发现摆动电动机驱动器A_{17}报警“F822”，在故障诊断表中查到 F822 的故障信息。

电动机测量系统的模拟信号用于系统分析，这些信号是按以下两个标准监控的：根据放大的正弦和余弦信号计算的放大信号合成的矢量模必须大于 1V；正弦和余弦信号产生的最大合成矢量模不得超过 11.8V。

具体措施如下：检查测量系统电缆，正确敷设反馈电缆，使其远离电动机动力电缆。在驱动器控制器上装上罩，必要时，检查测量系统并更换。

根据参考信息给出的措施进行检查，它的顺序从最易出现的故障到最不易出现的故障排列。

检查反馈电缆情况，用一根新的电缆暂时替换，如果报警消失了，说明故障点在电缆上，如果仍报警，就按参考信息给出的措施继续进行检查。

在更换完电缆后，故障报警消失了，所以可以认定是反馈电缆故障。将 SpeedBAR 运行到一个比较方便更换电缆的位置，进行电缆的更换，将能量引入链拆开，取出旧的电缆，敷设新的反馈电缆。

项目3

装 焊 线

3.1 焊接

焊接是在高温或高压条件下，使用焊接材料（焊条或焊丝）将两块或两块以上的母材（待焊接的工件）连接成一个整体的操作方法。常用的焊接方法有电弧焊、氩弧焊、CO_2 气体保护焊、氧-乙炔焊、激光焊接和电渣压力焊等40多种，主要分为熔焊、压焊和钎焊三大类。

1. 熔焊

熔焊是在焊接过程中热源将待焊两工件接口处迅速加热熔化，形成熔池，熔池随热源向前移动，不加压力完成焊接，冷却后形成连续焊缝而将两工件连接成为一体的方法。在熔焊过程中，如果大气与高温的熔池直接接触，大气中的氧就会与金属和各种合金元素发生氧化反应。大气中的氮、水蒸气等进入熔池，会在随后的冷却过程中在焊缝中形成气孔、夹渣、裂纹等缺陷，恶化焊缝的质量和性能。

2. 压焊

常用的压焊工艺是电阻对焊。当电流通过两工件的连接端时，该处因电阻很大而温度上升，当加热至塑性状态时，在轴向压力作用下连接成为一体。因为压焊是在加压的同时使两工件在固态下实现原子间结合，所以又称为固态焊接。

压焊的特点是在焊接过程中施加压力而不加填充材料。压焊中没有熔化过程，因此没有像熔焊那样的有害元素侵入焊缝的问题，有益的合金元素也没有烧损，因此改善了焊接安全卫生条件，也简化了焊接过程。另外，由于加热温度没有熔焊高、加热时间短，因而热影响区小。许多难以用熔焊焊接的材料，往往可以用压焊焊成与母材同等强度的优质接头。

3. 钎焊

钎焊是使用比工件熔点低的金属材料作为钎料，将工件和钎料加热到高于钎料熔点、低于工件熔点的温度，利用液态钎料润湿工件，填充接口间隙并与工件实现原子间的相互扩散，从而实现焊接的方法。

焊接时形成的连接两个被连接体的接缝称为焊缝。焊缝的两侧在焊接时会受到焊接热作用，从而发生组织和性能的变化，这一区域称为热影响区。焊接时，因工件材料、焊接材料、焊接电流等不同，焊后在焊缝和热影响区可能产生过热、脆化、淬硬或软化现象，也使焊件性能下降，焊接性恶化，这就需要调整焊接条件。焊前对焊件接口处预热、焊时保温和焊后热处理可以改善焊件的焊接质量。

3.2 机器人

机器人技术从20世纪60年代初问世以来已取得长足的进步，机器人的应用已经广泛渗透到社会的各个领域，全球工业机器人行业将进入一个前所未有的高速发展期。

1. 定义

机器人问世已有几十年，但目前仍没有一个统一、严格、准确的定义。目前，国际上对机器人的概念已经逐渐趋于一致，即机器人是靠自身动力和控制能力来实现各种功能的一种机器。

联合国标准化组织采纳了美国机器人工业协会（Robot Industrial Association，RIA）给出的定义：机器人是一种用于移动各种材料、零件、工具或专用装置，通过可编程序动作来执行各种任务并具有编程能力的多功能机械手。日本工业机器人协会（Japanese Industrial Robot Association，JIRA）给出的定义是：机器人是一种带有存储器件和末端操作器（End Effector，也称手部，包括手爪、工具等）的通用机械，它能够通过自动化的动作替代人类劳动。

日本学者加藤一郎提出的机器人的三要素是：①具有脑、手、脚等要素的个体；②具有非接触（如视觉、听觉等）传感器和接触传感器；③具有用于平衡和定位的传感器。

我国科学家对机器人的定义是：机器人是一种自动化的机器，这种机器具备一些与人或生物相似的智能能力，如感知能力、规划能力、动作能力和协同能力，是一种具有高度灵活性的自动化机器。

2. 特征

（1）拟人功能　机器人是模仿人或动物肢体动作的机器，能像人那样使用工具。因此，数控机床和汽车不是机器人。

（2）可编程序　机器人具有智力或具有感觉与识别能力，可随工作环境变化的需要而再编程，一般的电动玩具没有感觉和识别能力，不能再编程，因此不是真正的机器人。

（3）通用性　一般机器人在执行不同作业任务时，具有较好的通用性。比如，通过更换末端操作器，机器人便可执行不同的任务。

3. 发展

1942 年，美国科幻作家埃萨克·阿西莫夫（Isaac Asimov）在他的科幻小说《我，机器人》中提出了“机器人三定律”，这 3 条定律后来成为学术界默认的研发原则。

现代机器人出现于 20 世纪中期，当时数字计算机已经出现，电子技术也有长足的发展，在产业领域出现了受计算机控制的可编程序的数控机床，与机器人技术相关的控制技术和零部件加工也有了扎实基础。同时，人类需要开发自动机械，代替人去从事一些在恶劣环境下的作业。正是在这一背景下，机器人技术的研究与应用得到了快速发展。机器人的发展大致经历了三个阶段。

第一代机器人为简单个体机器人，属于示教再现机器人。示教再现机器人是一种可重复再现通过示教编程存储起来的作业程序的机器人。示教编程指由人工引导机器人末端操作器，或由人工操作引导机械模拟装置，或用示教盒来使机器人完成预期动作的程序。自 20 世纪 50 年代末至 60 年代，世界上应用的工业机器人绝大多数为示教再现机器人。

第二代机器人为低级智能机器人，或称感觉机器人。和第一代机器人相比，低级智能机器人具有一定的感觉系统，能获取外界环境和操作对象的简单信息，可对外界环境的变化做出简单的判断并相应调整自己的动作，以减少工作中出错的概率。因此这类机器人又称为自适应机器人。20 世纪 60 年代末以来，这类机器人在生产企业中的应用逐年增加。

第三代机器人是智能机器人。它不仅具备了感觉能力，而且还具有独立判断和行动的能力，并具有记忆、推理和决策的能力，因而能够完成更加复杂的动作。智能机器人在发生故障时，其自我诊断装置能诊断出发生故障的部位，并能自我修复。它是利用各种传感器、测量器等来获取环境信息，然后利用智能技术进行识别、理解、推理，最后做出规划决策，能自主行动实现预定目标的高级机器人。

计算机技术和人工智能技术的飞速发展，使机器人在功能和技术层次上有了很大的提高，移动机器人和机器人的视觉和触觉等技术就是其新技术典型的代表。

3.3 工业机器人

3.3.1 定义

工业机器人是机器人中的一种。它是面向工业领域的多关节机械手或多自由度的机器装置，它能自动执行工作，是靠自身动力和控制能力来实现各种功能的一种机器人，如图 3-1 所示。它可以接受人类指挥，也可以按照预先编排的程序运行，现代的工业机器人还可以根据人工智能技术制订的原则纲领行动。

代替和帮助工人的劳动是制造工业机器人的主要目的，工业机器人用在缺少劳动力的工厂和必须进行简单重复性劳动或危及人身健康及安全的场合。工业机器人有以下特点：

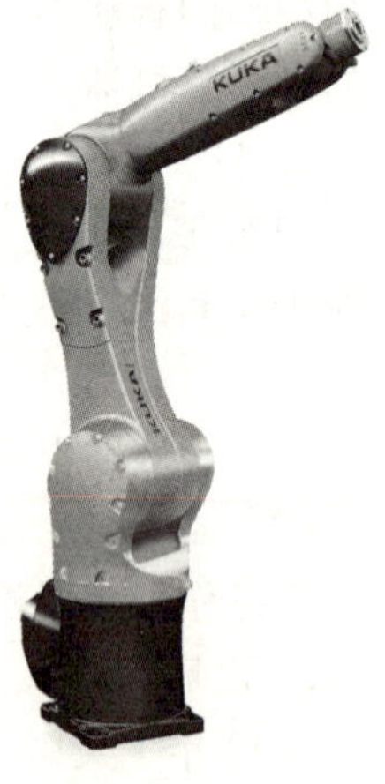

图 3-1 工业机器人

（1）可编程序 生产自动化的进一步发展是柔性启动化。工业机器人可随其工作环境变化的需要而再编程，因此它在小批量多品种具有均衡高效率的柔性制造过程中能发挥很好的功用，是柔性制造系统中的一个重要组成部分。

（2）拟人化 工业机器人在机械结构上有类似人的行走、腰转、大臂、小臂、手腕、手爪等部分，在控制上有计算机。此外，智能化工业机器人还有许多类似人类的“生物传感器”，如皮肤型接触传感器、力传感器、负载传感器、视觉传感器、声觉传感器、语言功能等。传感器提高了工业机器人对周围环境的自适应能力。

（3）通用性 除了专门设计的专用的工业机器人外，一般工业机器人在执行不同的作业任务时具有较好的通用性。更换工业机器人手部末端操作器（手爪、工具等）便可执行不同的作业任务。

（4）复合性 工业机器技术涉及的学科相当广泛，归纳起来是机械学和微电子学的结合——机电一体化技术。第三代智能机器人不仅具有获取外部环境信息的各种传感器，而且还具有记忆能力、语言理解能力、图像识别能力、推理判断能力等人工智能，这些都是微电子技术的应用，特别是与计算机技术的应用密切相关。因此，机器人技术的发展必将带动其他技术的发展，机器人技术的发展和应用水平也可以验证一个国家科学技术和工业技术的发展水平。

3.3.2 分类

关于工业机器人如何分类，国际上没有统一的标准，一般可以按坐标系、用途、控制方式或程序输入方式来分类。

1. 按坐标系分类

机器人可分为直角坐标型机器人、圆柱坐标型机器人、极坐标型（球面坐标型）机器人、多关节坐标型机器人、SCARA 型水平关节机器人 5 类。

（1）直角坐标型机器人（3P） 直角坐标型机器人以直角坐标系统为基本数学模型，通过手臂的上下、左右移动和前后的伸缩构成一个直角坐标系，有 3 个独立的自由度，其动作空间为一个长方体。大型的直角坐标型机器人也称桁架机器人或龙门式机器人，如图 3-2 所示。直角坐标型机器人系统结构简单、成本低廉，可以应用于点胶、滴塑、喷涂、码垛、分拣、包装、焊接、金属加工、搬运、上下料、装配、印刷等常见的工业生产领域。

（2）圆柱坐标型机器人（R3P） 圆柱坐标型机器人具有 3 个自由度，机座的水平转动、沿立柱的升降运动和沿水平臂的伸缩运动，即具有一个旋转运动和两个直线运动，结构如图 3-3 所示。圆柱坐标型机器人结构紧凑、通用性较强。

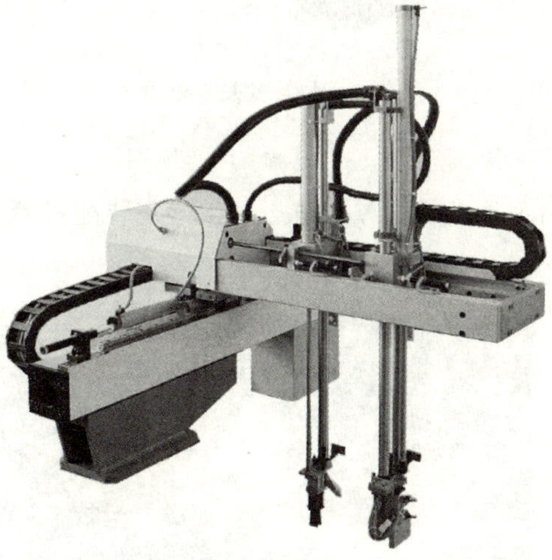
图 3-2 直角坐标型机器人

图 3-3 圆柱坐标型机器人

（3）极坐标型机器人（球面坐标型 2RP） 极坐标型机器人的工作臂不仅可绕垂直轴旋转，还可绕水平轴做俯仰运动，且能沿手臂轴线做伸缩运动，并能绕立柱回转，在工件构成部分球面，结构如图 3-4 所示。极坐标型机器人结构紧凑，所占空间小于直角坐标型机器人和圆柱坐标型机器人，操作比圆柱坐标型机器人更为灵活。

（4）多关节坐标型机器人 多关节坐标型机器人由多个旋转和摆动机构组合而成，具有操作灵活、运动速度高、操作范围大等特点，但受手臂位姿的影响，无法实现高精度运动。多关节坐标型机器人是当今工业领域中最常见的工业机器人的形态之一，适用于诸多工业领域的机械自动化作业，如自动装配、喷漆、搬运、焊接等工作。根据其

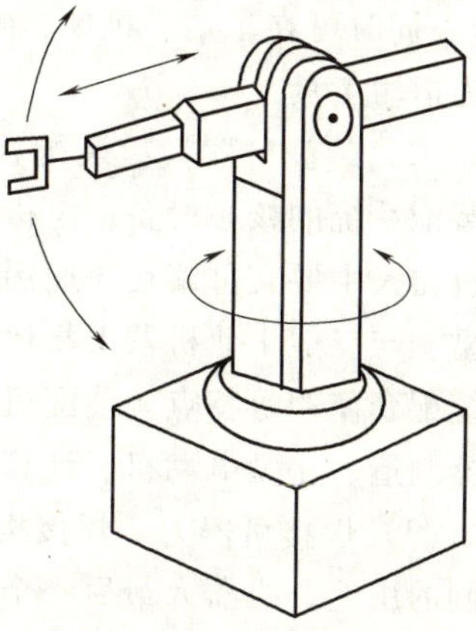
图 3-4 极坐标型机器人

摆动方向，此类机器人又可分为垂直多关节机器人（图 3-5）和水平多关节机器人（图 3-6）。目前装机最多的多关节机器人为串联关节型垂直六轴机器人和 SCARA 型（Selective Compliance Assembly Robot Arm，SCARA）四轴机器人。

图 3-5　垂直多关节机器人

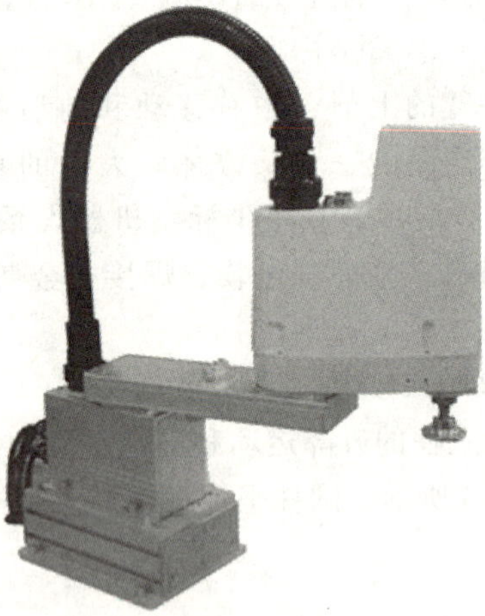

图 3-6　水平多关节机器人

2. 按用途分类

工业机器人按用途可分为移动机器人（Automated Guided Vehicle，AGV）、装配机器人、焊接机器人、搬运机器人和喷涂机器人等多种。

（1）移动机器人（AGV）　移动机器人如图 3-7 所示，是工业机器人的一种类型，由传感器、遥控操作器和自动控制的移动载体组成，具有移动、自动导航、多传感器控制、网络交互等功能，它可广泛应用于机械、电子、纺织、卷烟、医疗、食品、造纸等行业的柔性搬运、传输等，也用于自动化立体仓库、柔性加工系统、柔性装配系统（以 AGV 作为活动装配平台），同时可在车站、机场、邮局的物品分拣中作为运输工具。

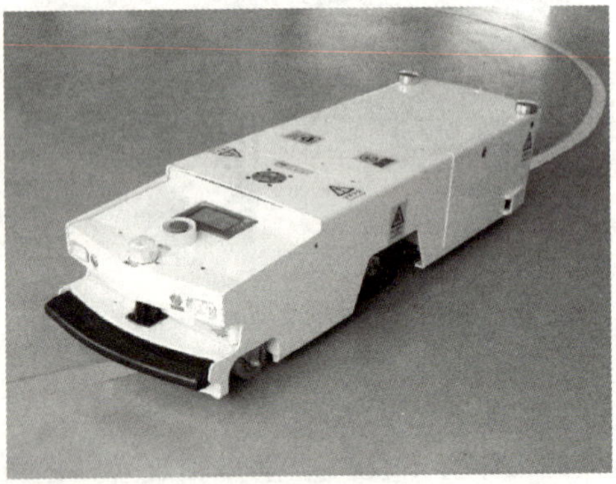

图 3-7　移动机器人

（2）装配机器人　装配机器人是柔性自动化装配系统的核心设备，由机器人操作机、控制器、末端操作器和传感系统组成。常用的装配机器人主要有可编程序通用装配操作手和平面双关节型机器人（即 SCARA 机器人）两种类型。与一般工业机器人相比，装配机器人具有精度高、柔顺性好、工作范围小、能与其他系统配套使用等特点。装配机器人主要应用于汽车零部件装配，如图 3-8 所示，还用于各种电器制造、小型电动机、计算机、玩具、机电产品及其组件的装配等方面。

（3）焊接机器人　焊接机器人是从事焊接工作的工业机器人，如图 3-9 所示。为了适应不同的用途，机器人最后一个轴的机械接口通常是一个连接轴，用于装接焊钳或焊（割）枪，使之能进行焊接、切割或热喷涂。焊接机器人具有性能稳定、工作空间大、运动速度快

图 3-8　汽车零部件装配机器人

和负荷能力强等特点。焊接机器人的焊接质量明显优于人工焊接，大大提高了焊接作业的生产率。焊接机器人目前已广泛应用于汽车制造业中，如汽车底盘、座椅骨架、导轨、消声器以及液力变矩器等的焊接，尤其在汽车底盘焊接生产中得到了广泛的应用。根据焊接装备不同，焊接机器人分为点焊机器人和弧焊机器人，其中点焊机器人主要用于汽车整车的焊接工作，弧焊机器人主要用于各类汽车零部件的焊接生产。

图 3-9　焊接机器人

（4）搬运机器人　搬运机器人是可以进行自动化搬运作业的工业机器人，如图 3-10 所示。最早的搬运机器人出现在 1960 年的美国，Versatran 和 Unimate 两种机器人首次用于搬运作业。搬运作业指用一种设备握持工件，将工件从一个加工位置移到另一个加工位置。搬运机器人可安装不同的末端操作器以完成各种不同形状和状态的工件搬运工作，大大减轻了人类繁重的体力劳动。目前，搬运机器人被广泛应用于机床上下料、冲压机自动化生产线、自动装配流水线、码垛搬运、集装箱等的自动搬运。部分发达国家已制订出人工搬运的最大限度，超过限度的必须由搬运机器人来完成。

（5）喷涂机器人　喷涂机器人又称为喷漆机器人，如图 3-11 所示，是可进行自动喷漆或喷涂其他涂料的工业机器人。喷漆机器人主要由机器人本体、计算机和相应的控制系统组成，液压驱动的喷漆机器人还包括液压油源，如油泵、油箱和电动机等。喷涂机器人多采用 5 或 6 自由度关节式结构，手臂有较大的运动空间，并可做复杂的轨迹运动，其腕部一般有 2~3 个自由度，可灵活运动。较先进的喷涂机器人腕部采用柔性手腕，既可向各个方向弯曲，又可转动，其动作类似人的手腕，能方便地通过较小的孔伸入工件内部，喷涂其内表

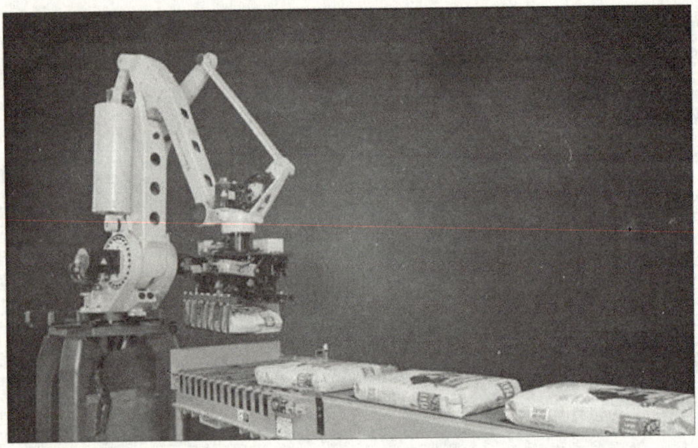

图 3-10　搬运机器人

面。喷涂机器人一般采用液压驱动，具有动作速度快、防爆性能好等特点，可通过手把手示教或点位示数来实现示教。喷涂机器人广泛用于汽车、仪表、电器、搪瓷等工艺生产部门。

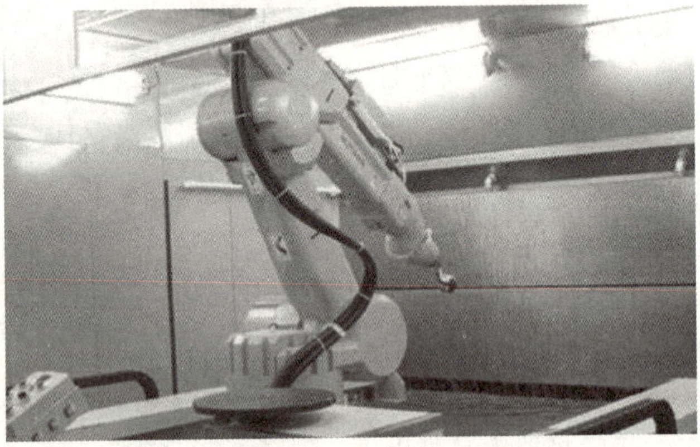

图 3-11　喷涂机器人

3. 按控制方式分类

工业机器人执行机构运动的控制方式有点位控制方式、连续轨迹控制方式、力或力矩控制方式和智能控制方式。

（1）点位控制方式　点位控制方式的机器人只控制执行机构由一点到另一点的准确定位，而点与点之间运动的轨迹不需要严格控制，为了减少移动部件的运动与定位时间，一般先以高速移动到终点附近，然后以低速准确移动到终点定位位置，以保证良好的定位精度。该类型机器人适用于机床上下料、点焊和一般搬运、装卸等作业。

（2）连续轨迹控制方式　连续轨迹控制方式机器人可控制执行机构按给定轨迹运动，而且速度可控、轨迹光滑、运动平稳。这种工业机器人具有各关节连续、同步地进行相应的运动的功能，适用于连续焊接和涂装等作业。

（3）力或力矩控制方式　在完成装配、抓放物体等工作时，除要准确定位之外，还要求使用适度的力或力矩进行工作，这时就要利用力或力矩伺服方式。这种方式的控制原理与位置伺服控制原理基本相同，只不过输入量和反馈量不是位置信号，而是力或力矩信号，因此系统中必须有力或力矩传感器。有时也利用接近、滑动等传感功能进行自适应式控制。

（4）智能控制方式 工业机器人的智能控制是通过传感器获得周围环境的知识，并根据自身内部的知识库做出相应的决策。采用智能控制技术，使工业机器人具有了较强的环境适应性及自学习能力。智能控制技术的发展有赖于近年来人工神经网络、基因算法、遗传算法、专家系统等人工智能的迅速发展。

4. 按程序输入方式分类

工业机器人按程序输入方式可分为编程输入型和示教输入型两类。

（1）编程输入型 编程输入型机器人将计算机上已编好的作业程序文件，通过RS232串口或者以太网等通信方式传送到机器人控制柜。

（2）示教输入型 示教输入型机器人的示教方法有两种：一种是由操作者用示教操纵盒，将指令信号传给驱动系统，使执行机构按要求的动作顺序和运动轨迹操演一遍；另一种是由操作者直接领动执行机构，按要求的动作顺序和运动轨迹操演一遍。在示教过程的同时，工作程序的信息即自动存入程序存储器中，在机器人自动工作时，控制系统从程序存储器中读取相应信息，将指令信号传给驱动机构，使执行机构再现示教的各种动作。示教输入程序的工业机器人称为示教再现型工业机器人。

3.3.3 基本组成

典型的工业机器人包括机械系统、控制系统、驱动系统和传感系统四大部分，它们之间的关系如图3-12所示。

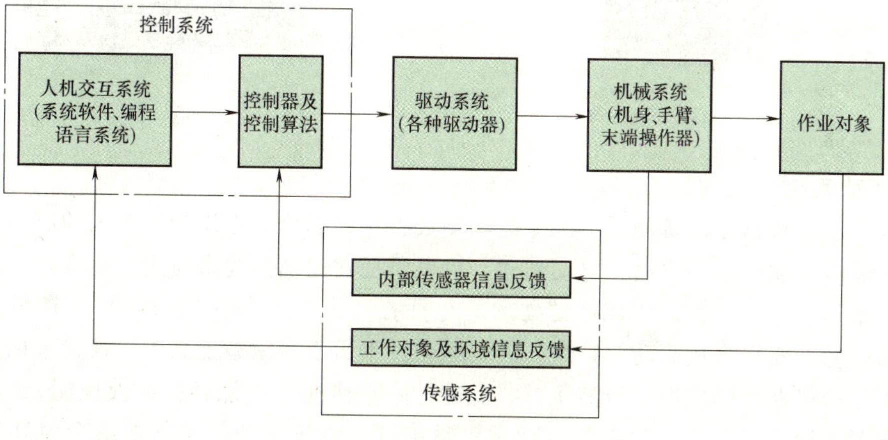

图3-12 机器人系统组成

1. 机械系统

工业机器人的机械系统一般由机身、手臂、末端操作器等组成，如图3-13所示。每一部分都有若干自由度，构成一个多自由度的机械系统。若机身具有行走机构，便构成行走机器人；若机身不具备行走及腰转机构，则构成单机器人臂。手臂一般由上臂、下臂和手腕组成。末端操作器是直接装在手腕上的一个重要部件，它可以是二手指或多手指的手爪，也可以是焊枪、喷漆枪等作业工具。工业机器人的机械系统相当于人的身体（骨骼、手、臂、腿等）。

2. 控制系统

控制系统的任务是根据工业机器人的作业指令程序以及从传感器反馈回来的信号，控制机器人的执行机构，使其完成预定的运动和功能。若机器人不具备信息反馈特征，则该控制系统为开环控制系统；若机器人具备信息反馈特征，则该控制系统为闭环控制系统。控制系统由计算机硬件和控制软件组成。软件主要由人与机器人进行联系的人机交互系统和控制算法等组成，该部分的作用相当于人的大脑。控制系统一般装在控制柜中，如图 3-14 所示。

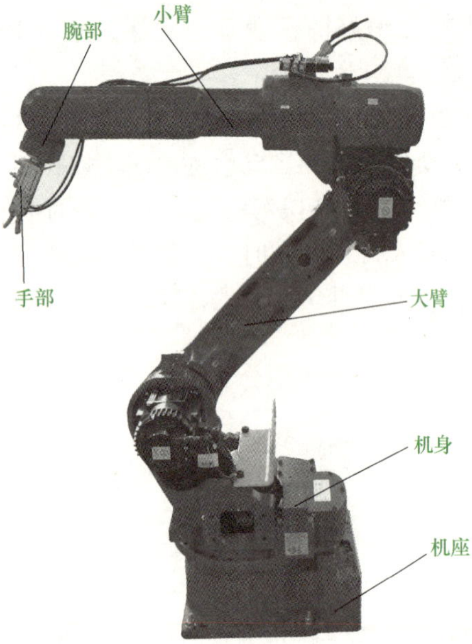

图 3-13　机械系统

图 3-14　控制柜

3. 驱动系统

驱动系统主要指驱动机械系统动作的驱动装置，这部分的作用相当于人的肌肉。驱动系统可以是液压驱动、气动驱动、电动驱动，也可以把它们结合起来应用。

液压驱动技术是一种比较成熟的技术。它具有动力大、力（或力矩）与惯量比大、快速响应高、易于实现直接驱动等特点。液压驱动技术适于在承载能力大、惯量大以及在防爆环境中工作的机器人中应用。但液压系统需进行能量转换（电能转换成液压能），速度控制多数情况下采用节流调速，效率比电动驱动系统低。液压系统的液体泄漏会对环境产生污染，工作噪声也较高。因这些缺点，近年来，在负载为 1000N 以下的机器人中往往被电动系统所取代。

气动驱动系统具有速度快、系统结构简单、维修方便、价格低等特点，适于在中、小负荷的机器人中采用。但因其难以实现伺服控制，故多用于程序控制的机械人中，如在上、下料和冲压机器人中应用较多。

电动驱动系统在工业机器人中应用最普遍，可分为步进电动机驱动、直流伺服电动机驱动和交流伺服电动机驱动 3 种驱动形式。早期多用步进电动机驱动，后来发展了直流伺服电动机驱动，现在交流伺服电动机驱动也开始被广泛应用。电动机驱动系统可以直接驱动或者通过同步带、链条、轮系、谐波齿轮等机械传动机构进行间接驱动。

4. 传感系统

传感系统由内部传感器模块和外部传感器模块组成，以获取机器人内部和外部环境状态中有意义的信息，并把这些信息反馈给控制系统。该部分的作用相当于人的五官。其中，内部传感器用于检测各关节的位置、速度等变量，为闭环控制系统提供反馈信息。外部传感器用于检测机器人与周围环境之间的状态量（如距离、温度等），用于引导机器人。智能传感器的使用提高了机器人的机动性、适应性和智能化的水准。

3.3.4 工作原理

机器人系统实际上是一个典型的机电一体化系统，其基本工作原理为：控制系统发出动作指令，控制驱动器动作，驱动器带动机械系统运动，使末端操作器到达空间某一位置和实现某一姿态，实施一定的作业任务。末端操作器在空间的实时位姿由传感系统反馈给控制系统，控制系统把实际位姿与目标位姿相比较，发出下一个动作指令，如此循环，直到完成作业任务为止，如图3-15所示。

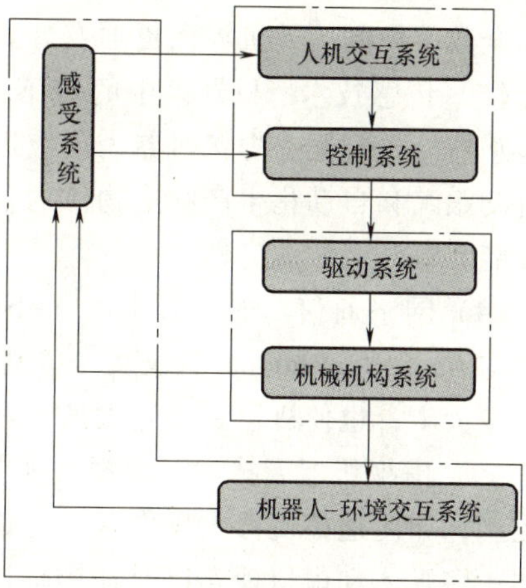

图 3-15 工业机器人工作原理

3.3.5 发展

1. 现状

我国的工业机器人从20世纪80年代“七五”科技攻关开始起步，目前已基本掌握了机器人操作机的设计制造技术、控制系统硬件和软件设计技术、运动学和轨迹规划技术，生产了部分机器人关键元器件，开发出喷漆、弧焊、点焊、装配、搬运等机器人。弧焊机器人已应用在汽车制造厂的装焊线上。但总的来看，我国的工业机器人技术及其工程应用的水平和国外技术领先国家相比还有一定的差距。

工业机器人在焊接领域的应用最早是从汽车装配生产线上的电阻点焊开始的。原因在于电阻点焊的过程相对比较简单，控制方便，且不需要焊缝轨迹跟踪，对机器人的精度和重复精度的控制要求比较低。国际工业机器人企业凭借与各大汽车企业的长期合作关系，向各大型汽车生产企业提供各类点焊机器人单元产品，并以焊接机器人与整车生产线配套的形式进入中国，在该领域占据市场主导地位。随着汽车工业的发展，焊接生产线要求焊钳一体化，质量越来越大，165kg点焊机器人是目前汽车焊接中最常用的一种机器人。2008年9月，机器人研究所研制完成国内首台165kg级点焊机器人，并成功应用于奇瑞汽车焊接车间。2009年9月，经过优化和性能提升的第二台机器人完成并顺利通过验收，该机器人整体技术指标已经达到国外同类机器人水平。

2. 趋势

目前国际机器人界都在加大科研力度，进行机器人共性技术的研究。从机器人技术发展趋势看，焊接机器人和其他工业机器人一样，不断向智能化和多样化方向发展。具体而言，表现在如下方面：

（1）操作结构　通过有限元分析、模态分析及仿真设计等现代设计方法的运用，实现机器人操作机构的优化设计。探索新的高强度轻质材料，进一步提高负载/自重比。

（2）控制系统　重点研究开放式、模块化控制系统。向基于计算机的开放型控制器方向发展，便于标准化、网络化；器件集成度提高，控制柜日渐小巧，且采用模块化结构；大大提高了系统的可靠性、易操作性和可维修性；控制系统的性能进一步提高，实现了软件伺服和全数字控制；人机界面更加友好。

（3）传感技术　机器人中的传感器作用日益重要，除采用传统的位置、速度、加速度等传感器外，装配、焊接机器人还应用了激光传感器、视觉传感器和力传感器，并实现了焊缝自动跟踪和自动化生产线上物体的自动定位以及精密装配作业等，大大提高了机器人的作业性能和对环境的适应性。

（4）网络通信功能　日本的 YASKAWA 和德国的 KUKA 公司的最新机器人控制器已实现了与 Canbus、Profibus 总线及一些网络的连接，使机器人由过去的独立应用向网络化应用迈了一大步，也使机器人由过去的专用设备向标准化设备发展。

（5）虚拟机器人技术　虚拟现实技术在机器人中的作用已从仿真、预演发展到用于过程控制，如使遥控机器人操作者产生置身于远端作业环境中的感觉来操纵机器人。基于多传感器、多媒体和虚拟现实以及临场感技术，实现机器人的虚拟遥控操作和人机交互。

（6）机器人性能价格比　机器人性能不断提高（高速度、高精度、高可靠性、便于操作和维修），而单机价格不断下降。由于微电子技术的快速发展和大规模集成电路的应用，使机器人系统的可靠性有了很大提高。

（7）多智能体调控技术　这是目前机器人研究的一个崭新领域，主要对多智能体的群体体系结构、相互间的通信与磋商机理，感知与学习方法，建模和规划、群体行为控制等方面进行研究。

3.4　焊接机器人

3.4.1　概述

1. 定义

焊接机器人是从事焊接（包括切割与喷涂）的工业机器人。

2. 特点

随着电子技术、计算机技术、数控及机器人技术的发展，自动焊接机器人从 20 世纪 60 年代开始用于生产以来，其技术已日益成熟，在各行各业已得到了广泛的应用。其主要优点如下：

1）稳定和提高了焊接质量，能将焊接质量以数值的形式反映出来。

2）提高了劳动生产率。

3）改善了工人劳动强度，可在有害环境下工作。

4）降低了对工人操作技术的要求。

5）缩短了产品改型换代的准备周期，减少了相应的设备投资。

3. 结构

机器人焊接主要包括机器人和焊接设备两部分，机器人由机器人本体和控制柜（硬件及软件）组成。

世界各国生产的焊接用机器人基本上都属于关节机器人，绝大部分有 6 个轴。其中，1、2、3 轴可将末端工具送到不同的空间位置，而 4、5、6 轴解决工具姿态的不同要求。

焊接机器人本体的机械结构主要有两种形式：一种为平行四边形结构，另一种为侧置式（摆式）结构。侧置式（摆式）结构的主要优点是上、下臂的活动范围大，使机器人的工作空间几乎能形成一个球体。因此，这种机器人可倒挂在机架上工作，以节省占地面积，方便地面物件的流动。但是这种侧置式机器人，2、3 轴为悬臂结构，降低了机器人的刚度，一般适用于负载较小的机器人，用于电弧焊、切割或喷涂。

平行四边形机器人的上臂是通过一根拉杆驱动的。拉杆与下臂组成一个平行四边形的两条边。早期开发的平行四边形机器人工作空间比较小（局限于机器人的前部），难以倒挂工作。但 20 世纪 80 年代后期以来开发的新型平行四边形机器人（平行机器人），已能把工作空间扩大到机器人的顶部、背部及底部，且没有侧置式机器人的刚度问题，从而得到普遍的重视。这种结构不仅适合于轻型机器人也适合于重型机器人。近年来点焊用机器人（负载 100~150kg）大多选用平行四边形结构形式。

机器人各个轴都是做回转运动，故采用伺服电动机通过摆线针轮（RV）减速器（1~3 轴）及谐波减速器（1~6 轴）驱动。在 20 世纪 80 年代中期以前，对于电驱动的机器人都是使用直流伺服电动机；而 80 年代后期以来，各国先后改用交流伺服电动机。由于交流电动机没有碳刷，动特性好，使新型机器人不仅事故率低，而且免维修时间大为增长，加（减）速度也快。一些负载 16kg 以下的新的轻型机器人其工具中心点（TCP）的最高运动速度可达 3m/s 以上，定位准确，振动小。同时，机器人的控制柜也改用 32 位的计算机和新的算法，使之具有自行优化路径的功能，运行轨迹更加贴近示教的轨迹。

4. 分类

（1）弧焊机器人　由于弧焊工艺早已在诸多行业中得到普及，弧焊机器人在通用机械、金属结构等许多行业中得到广泛运用。弧焊机器人系统如图 3-16 所示。弧焊机器人的应用范围很广，除汽车行业之外，在通用机械、金属结构等许多行业中都有应用。在弧焊作业中，要求焊枪跟踪工件的焊道运动，并不断填充金属形成焊缝。因此，运动过程中速度的稳定性和轨迹精度是两项重要的指标。一般情况下，焊接速度取 5~50mm/s，轨迹精度为 0.2~0.5mm。由于焊枪的姿态对焊缝质量也有一定影响，因此希望在跟踪焊道的同时，焊枪姿态的可调范围尽量大。焊接作业时，为了得到优质焊缝，往往需要在动作的示教以及焊接条件（电流、电压、速度）的设定上花费大量的劳力和时间。

（2）点焊机器人　汽车工业是点焊机器人系统一个典型的应用领域，在装配每台汽车车体时，大约 60%的焊点是由机器人完成的。点焊机器人系统如图 3-17 所示。点焊机器人只用于增强焊作业（往已拼接好的工件上增加焊点），后来为了保证拼接精度，让机器人完成定位焊接作业。

点焊机器人（Spot-Welding Robot）是用于点焊自动作业的工业机器人。世界上第一台点焊机于 1965 年开始使用，是美国 Unimation 公司推出的 Unimate 机器人。中国在 1987 年自行研制成第一台点焊机器人——华宇-Ⅰ型点焊机器人。点焊机器人由机器人本体、计算

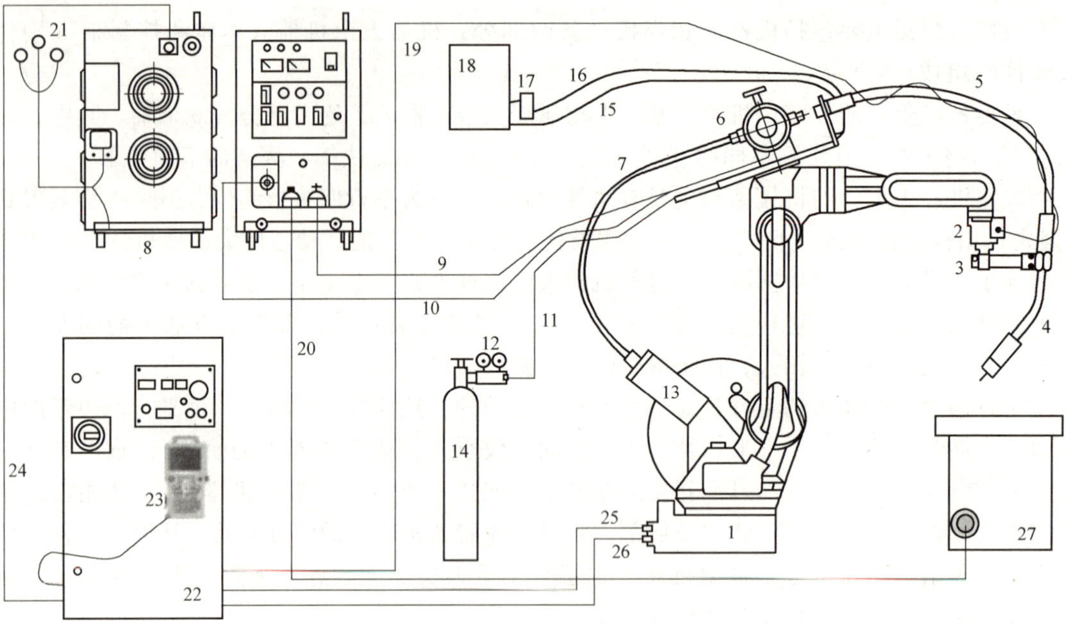

图 3-16　弧焊机器人系统

1—机器人本体　2—防碰撞传感器　3—焊枪把持器　4—焊枪　5—焊枪电缆　6—送丝机构　7—送丝管　8—焊接电源　9—功率电缆（+）　10—送丝机构控制电缆　11—保护气软管　12—保护气流量调节器　13—送丝盘架　14—保护气瓶　15—冷却水冷水管　16—冷却水回水管　17—水流开关　18—冷却水箱　19—碰撞传感器电缆　20—功率电缆（-）　21—焊机供电一次电缆　22—机器人控制柜　23—机器人示教盒　24—焊接指令电缆　25—机器人供电电缆　26—机器人控制电缆　27—夹具及工作台

机控制系统、示教盒和点焊焊接系统几部分组成。为了适应灵活动作的工作要求，通常点焊机器人选用关节式工业机器人的基本站，一般具有 6 个自由度：腰转、大臂转、小臂转、腕转、腕摆及腕捻。其驱动方式有液压驱动和电气驱动两种。其中电气驱动具有保养维修简便、能耗低、速度高、精度高、安全性好等优点，因此应用较为广泛。点焊机器人按照示教程序规定的动作、顺序和参数进行点焊作业，其过程是完全自动化的，并且具有与外部设备通信的接口，可以通过这一接口接收上一级主控与管理计算机的控制命令进行工作。

焊接加工一方面要求焊工有熟练的操作技能、丰富的实践经验和稳定的焊接水平，另一方面，焊接是一种劳动条件差、烟尘多、热辐射大、危险性高的工作。工业机器人的出现使人们自然而然首先想到用它代替人的手工焊接，减轻焊工的劳动强度，同时也可以保证焊接质量和提高焊接效率。点焊机器人在汽车装配生产线上的大量应用大大提高了汽车装配焊接的生产率和焊接质量，同时又具有柔性焊接的特点，即只要改变程序，就可在同一条生产线上对不同的车型进行装配焊接。应用点焊机器人有如下优点：容易实现生产过程的完全自动化，对生产设备的适应能力大大加强，可以提高产品的生产效率及质量，可以明显改善工作条件。

（3）激光焊接机器人　激光焊接机器人系统如图 3-18 所示。汽车行业中的激光焊接源于 20 世纪 80 年代，当时主要是为了解决钢厂轧机轧出的钢板宽度不够的问题，通过拼焊技术从而满足汽车工业对宽板的需求，故以将相同厚度的钢板进行拼焊为主。随着汽车工业的发展，激光拼焊板向差厚板方向发展，即可将不同厚度的钢板实现拼焊，激光拼焊主要应用于冲压钢板处理过程中。近年激光焊接进入白车身焊接领域，由于激光焊具有高效且质量稳定、强度高等特性，在车身焊接领域成为不可缺少的工艺手段。

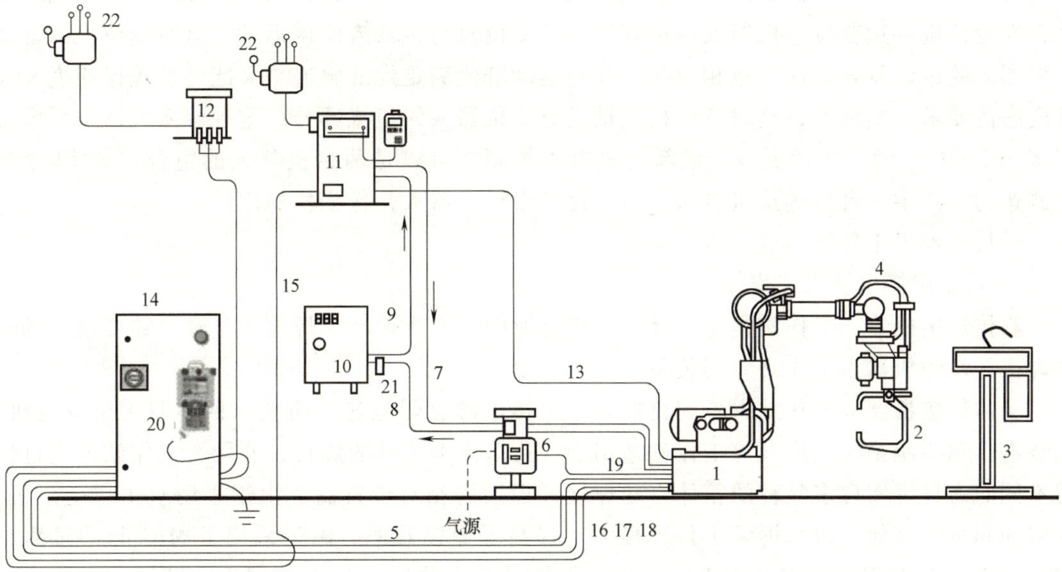

图 3-17　点焊机器人系统

1—机器人本体　2—伺服/气动点焊钳　3—电极修磨机　4—手首部集合电缆　5—焊钳控制电缆　6—气/水管路组合体　7—焊钳冷水管　8—焊钳回水管　9—点焊控制箱冷水管　10—冷水机　11—点焊控制箱　12—机器人变压器　13—焊钳供电电缆　14—机器人控制柜　15—点焊指令电缆　16—机器人供电电缆 2BC　17—机器人供电电缆 3BC　18—机器人供电电缆 1BC　19—焊钳进气管　20—机器人示教盒　21—冷却水流量开关　22—电源

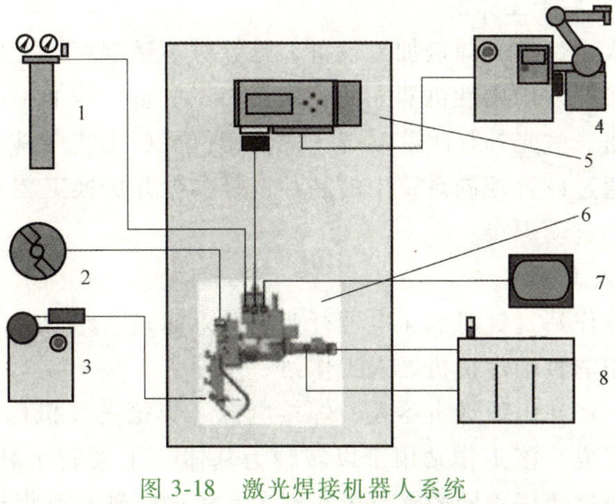

图 3-18　激光焊接机器人系统

1—压缩空气供应　2—吸气系统　3—送丝装置（推/拉）　4—机器人和机器人控制器　5—ALO 控制器　6—ALO1　7—监视器　8—激光系统

3.4.2 工作站

如果工件在整个焊接过程中无需变位，就可以用夹具把工件定位在工作台面上。但在实际生产中，大部分的工件在焊接时需要变位，使焊缝处在较好的位置（姿态）下焊接。对于这种情况，变位机与机器人可以分别运动，即变位机变位后机器人再焊接；也可以同时运动，即变位机一边变位，机器人一边焊接，即变位机与机器人协调运动。这时变位机的运动及机器人的运动复合，使焊枪相对于工件的运动既能满足焊缝轨迹，又能满足焊接速度及焊枪姿态的要求。实际上，这时变位机的轴已成为机器人的组成部分。这种焊接机器人系统可以多达 7~20 个轴，或者更多。最新的机器人控制柜可以是两台机器人的组合，做 12 个轴协调运动，其中一台是焊接机器人，另一台是搬运机器人，作变位机用。

焊接机器人工作站一般有以下 4 种。

1. 箱体焊接机器人工作站

箱体焊接机器人工作站是专门针对箱柜行业中，生产量大、焊接质量及尺寸要求高的箱体焊接开发的机器人工作站专用装备。

箱体焊接机器人工作站由弧焊机器人、焊接电源、焊枪送丝机构、回转双工位变位机、工装夹具和控制系统组成。该工作站适用于各式箱体类工件的焊接，在同一工作站内通过使用不同的夹具可实现多品种的箱体自动焊接，焊接的相对位置高。由于采用双工位变位机，焊接的同时，其他工位可拆装工件，极大地提高了焊接效率。由于采用了 MIG 脉冲过渡或 CMT 冷金属过渡焊接工艺方式进行焊接，焊接过程中热输入量大大减少，可保证产品焊接后不变形；通过调整焊接规范和机器人焊接姿态，保证产品焊缝质量好、焊缝美观，特别对于密封性要求高的不锈钢气室，焊接后保证气室气体不泄露。通过设置控制系统中的品种，选择参数并更换工作夹具，可实现多个品种箱体的自动焊接。

使用不同工作范围的弧焊机器人和相应尺寸的变位机，工作站可以满足焊缝长度在 2000mm 左右的各类箱体的焊接要求，焊接速度为 3~10mm/s。根据箱体基本材料不同，焊接工艺采用不同类型的气体保护焊。该工作站还广泛用于电力、电气、机械、汽车等行业。

2. 机器人柔性激光焊接工作站

不锈钢气室机器人柔性激光焊接加工设备，是针对不锈钢焊接变形量比较大、密封性要求高的箱体类工件焊接开发的柔性机器人激光焊接加工设备。该加工设备由机器人、激光发生器机组、水冷却机组、激光扫描跟踪系统、柔性变位机、工装夹具、安全护栏、吸尘装置和控制系统等组成，通过设置控制系统中的品种选择参数并更换工装夹具，可实现多个品种的不锈钢气室类工件的自动焊接。

3. 轴类焊接机器人工作站

轴类焊接机器人工作站是针对低压电器行业中，万能式断路器中的转轴焊接开发的专用设备，推出了一套专用的转轴焊接机器人工作站。

轴类焊接机器人工作站由弧焊机器人、焊接电源、焊枪送丝机构、回转双工位变位机、工装夹具和控制系统组成。该工作站用于以转轴为基体（上置若干悬臂）的各类工件的焊接，在同一工作站内通过使用不同的夹具可实现多品种的转轴自动焊接。焊接的相对位置精度很高。由于采用双工位变位机，在焊接的同时，其他工位可拆装工件，极大地提高了效率。

技术指标：转轴直径为 ϕ10~50mm，长度为 300~900mm，焊接速度为 3~5mm/s，焊接工艺采用 MAG 混合气体保护焊，变位机回转，变位精度达 0.05mm。

此工作站广泛应用于高质量、高精度的以转轴为基体的各类工件的焊接，适用于电力、电气、机械、汽车等行业。如果采用焊条电弧焊进行转轴焊接，工人劳动强度极大，产品的一致性差，生产效率低，仅为 2~3 件/h。采用自动焊接工作站后，产量可达到 15~20 件/h，焊接质量和产品的一致性也大幅度提高。

4. 机器人焊接螺柱工作站

机器人焊接螺柱工作站针对复杂零件上具有不同规格的螺柱，采用机器人将螺柱焊接到工件上。该工作站主要由机器人、螺柱焊接电源、自动送钉机、机器人自动螺柱焊枪、变位机、工装夹具、自动换枪装置、自动检测软件、控制系统和安全护栏等组成，通过自动送钉机将螺柱送到机器人自动焊枪里面，通过编程使机器人在工件上按示教的路径将不同规格的螺柱焊接到工件上。可以采用储能焊接或拉弧焊接将螺柱牢牢地焊接到工件上，保证焊接精度和焊接强度。焊接效率为 3~10 个/min，螺柱直径为 3~8mm，螺柱长度为 5~40mm。

3.4.3　生产线

比较简单的焊接机器人生产线是把多台工作站（单元）用工件输送线连接起来组成一条生产线。这种生产线仍然保持单站的特点，即每个站只能用选定的工件夹具及焊接机器人的程序来焊接预定的工件，在更改夹具及程序之前的一段时间内，这条生产线不能焊接其他工件。

还有一种柔性焊接生产线（FMS-W）。柔性焊接生产线也是由多个站组成的，不同的是被焊工件都装卡在统一形式的托盘上，而托盘可以与生产线上任何一个站的变位机相配合并被自动卡紧。焊接机器人系统首先对托盘的编号或工件进行识别，自动调出焊接这种工件的程序进行焊接。这样每一个站无需作任何调整就可以焊接不同的工件。焊接柔性线一般有一个轨道子母车，子母车可以自动将点固好的工件从存放工位取出，再送到有空位的焊接机器人工作站的变位机上；也可以从工作站上把焊好的工件取下，送到成品件流出位置。整个柔性焊接生产线由一台调度计算机控制，只要白天装配好足够多的工件，并放到存放工位上，夜间就可以实现无人或少人生产了。

工厂选用哪种自动化焊接生产形式，必须根据工厂的实际情况及要素而定。焊接专机适合批量大、改型慢的产品，而且工件的焊缝数量较少、较长、形状规矩（直线、圆形）的情况。焊接机器人系统一般适合中、小批量生产，被焊工件的焊缝可以短而多，形状较复杂。柔性焊接线特别适合产品品种多、每批数量很少的情况。目前国外企业正在大力推广无（少）库存、按订单生产（JIT）的管理方式，这种情况采用柔性焊接线是比较合适的。

3.4.4　应用

焊接机器人目前已广泛应用于汽车制造业中，如汽车底盘、座椅骨架、导轨、消声器以及液力变矩器等的焊接，尤其在汽车底盘焊接生产中得到了广泛的应用。采用点焊机器人可以提高焊接质量，甚至可以试图用它来代替某些弧焊作业，在短距离内的运动时间也大为缩短。丰田公司推出了一种高度低的点焊机器人，可以用来焊接车体下部零件。这种矮小的点焊机器人还可以与较高的机器人组装在一起，共同对车体上部进行加工，从而缩短了整个焊接生产线长度。国内生产的桑塔纳、帕萨特、别克、赛欧、波罗等轿车的后桥、副车架、摇臂、悬架、减振器等底盘零件大都是以 MIG 焊接工艺为主的受力安全零件，主要构件采用冲压焊接，板厚平均为 1.5~4mm，焊接主要以搭接、角接接头形式为主，焊接质量要求特别高，其质量的好坏直接影响轿车的安全性能。应用机器人焊接后，大大提高了焊接件的外观和内在质量，并保证了质量的稳定性和降低了劳动强度，改善了劳动环境。

3.5 焊装翼子板系统

3.5.1 电气系统

1. 简介

翼子板是遮盖车轮的车身外板，因旧式车身该部件形状及位置似鸟翼而得名。按照安装位置不同，翼子板分为前翼子板和后翼子板。前翼子板安装在前轮处，因为前轮有转向功能，所以必须要保证前轮转动时的最大极限空间，现在有些轿车翼子板已与车身本体成为一个整体。但也有轿车的翼子板是独立的，尤其是前翼子板，因为前翼子板被碰撞的机会比较多，独立装配容易整件更换。翼子板的作用是在汽车行驶过程中，防止被车轮卷起的砂石、泥浆溅到车厢的底部。因此，要求所使用材料具有耐气候老化和良好的成形加工性。有些汽车的前翼子板用有一定弹性的塑性材料做成，塑性材料具有缓冲性，比较安全。

翼子板分装站包括翼子板、设置在翼子板与侧围外板 A 柱部分之间的翼子板加强板。翼子板加强板与所述翼子板固接，翼子板加强板与翼子板配合的周边设有涂胶槽，涂胶槽内涂有结构胶，翼子板两端的翻边与翼子板加强板两端的翻边焊接，翼子板加强板两端翻边设有加强肋。

翼子板分装站内有左和右两个上件工位。当机器人在工作区域外时，上件；当机器人进入工作区域时，上件区域红色柱灯会闪烁，不能上件。上件结束，按下上件工位确认按钮，上件区域红色柱灯熄灭，绿色柱常亮。当上件工位白色柱灯长亮时，可以进入上件工位擦胶。

2. 组成

机器人点焊系统由机器人系统、夹具系统、转台系统和焊接系统构成，工作站采用 Profibus+数字 I/O 实现彼此通信。机器人点焊系统组成如图 3-19 所示。

3. 电气控制

系统上电，初始化机器人的状态，主要包括机器人是否在原位，机器人工作是否完成，系统的水、气、光栅是否正常。系统和生产线控制器通信，获取和机器人工作站有关的生产线的多个状态，如输送线是否处于自动状态、相关传感器的信号是否正常等。对于安全信号，则分等级处理，重要的安全信号通过和机器人的硬线连接，引起机器人急停；级别较低的安全信号通过 PLC 给机器人发“外部停止”命令。系统的任务选择是由线控制器完成的，输送线控制器通过传感器来确定车型，并通过编码方式向机器人点焊工作站发出相应的工作任务，点焊控制器接收任务并调用相应的机器人程序进行焊接。焊接过程中，系统检测机器人的工作状态，如果机器人发生错误或故障，系统自动停止机器人及焊枪的动作。

当机器人在车身不同的部位焊接时，需要不同的焊接参数。控制焊枪动作的焊接控制器

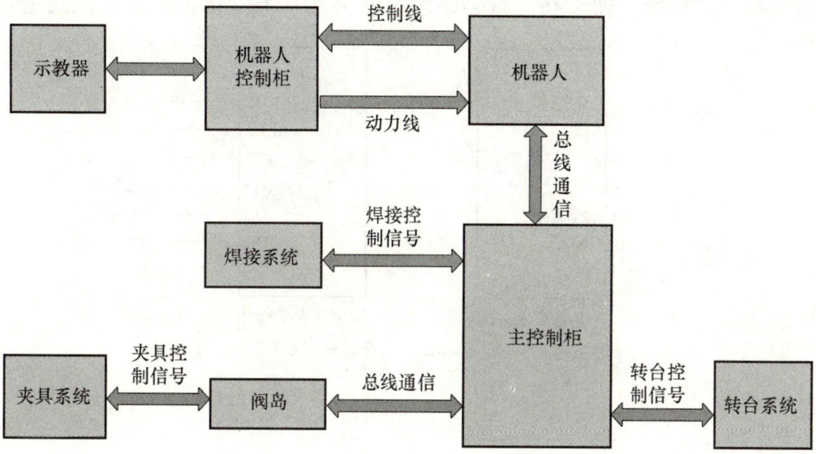

图 3-19 机器人点焊系统组成

中可存储多种焊接规范，每组焊接规范对应一组焊接参数。机器人向 PLC 发出焊接文件信号，PLC 通过焊接控制器向焊枪输出需要的焊接参数。车体焊接完成后，机器人即按设定的方式进行电极修磨。

3.5.2 硬件设计

1. 安全保护系统

点焊机器人的工作范围必须符合安全要求，即必须在任何情况下都不会对人员或设备构成威胁。在机器人动作范围内，必须采取隔离保护措施，这些隔离保护措施可以是隔离栅栏、光栅、光幕、空间扫描装置等。本站采用隔离栅栏和光栅的保护措施。另外，系统中设有急停回路，以便各种突发情况下将系统停止，确保人员和设备的安全。

（1）隔离栅栏　隔离栅栏的作用是将机器人的工作区域与外界隔离开来。隔离栅栏设有一个安全门，机器人在自动模式下工作时速度很快，有人打开安全门试图进入机器人工作区域时，机器人会自行停止工作，以确保人员安全。按照 DIN EN 294、DIN EN349 和 DIN EN 811 确定隔离栅栏网孔的规格。隔离栅栏高度的设计：必须使人手无法从上面伸进隔离范围。栅栏分块的大小根据栅栏的强度确定，结构设计必须避免栅栏弯曲过度。入口（安全门）只有一个，且和机器人本身的保护装置以及上一级的紧急关断装置相连。安全门回路如图 3-20 所示。

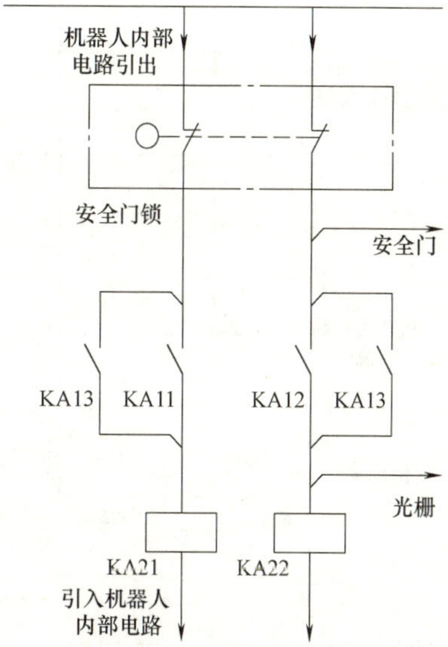

图 3-20 安全门回路

（2）安全光栅　为确保安全，转台在转动时不允许人员进入机器人工作区域。安全光栅位于装件区两侧，一侧是发射端，另一侧是接收端。如果有人在转台工作时试图从装件区进入机器人工作区域必定要穿过安全光栅，这样接收端便接收不到发射端发射的光，从而产生转台停止信号。安全光栅回路如图 3-21 所示。

板上分别设有急停按钮，便于在出现紧急情况时能使系统停止工作，以免发生安全事故。

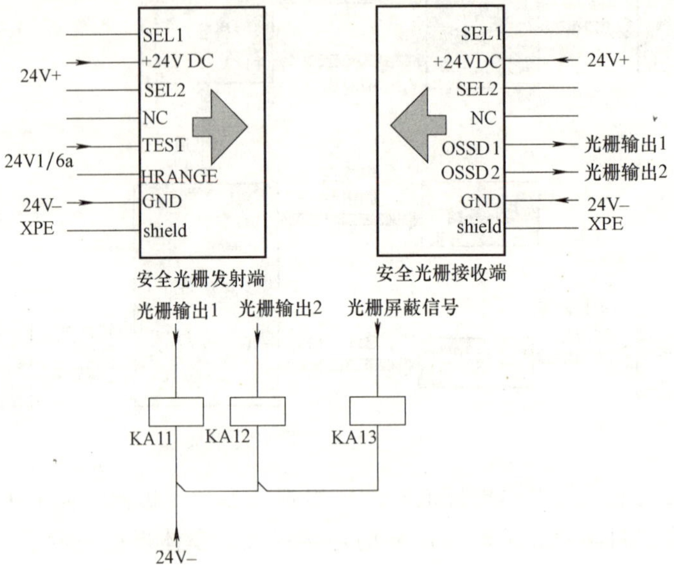

图 3-21　安全光栅回路

（3）急停回路　在机器人点焊系统的调试运行过程中经常会出现一些突发情况，例如工人在调试机器人过程中出现机器人动作偏离轨迹而要撞上转台夹具，或焊钳电极与板件粘结等，这就需要及时排除险情。本站中，在机器人示教器上以及主控制柜的控制面的急停回路如图 3-22 所示。急停回路包括安全回路，在设计时都采用了双回路的形式，确保急停回路的有效性。外部急停回路如图 3-23 所示。变频器急停及复位回路如图 3-24 所示。变频器上电回路如图 3-25 所示。

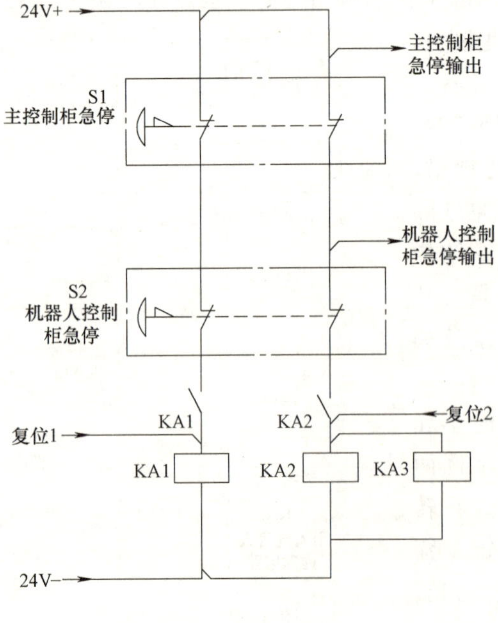

图 3-22　急停回路

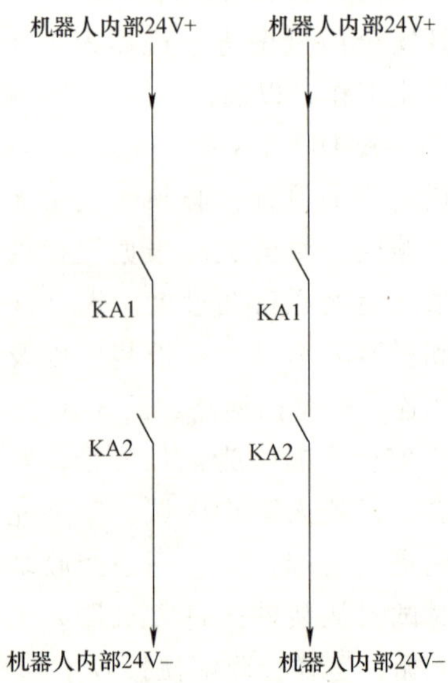

图 3-23　外部急停回路

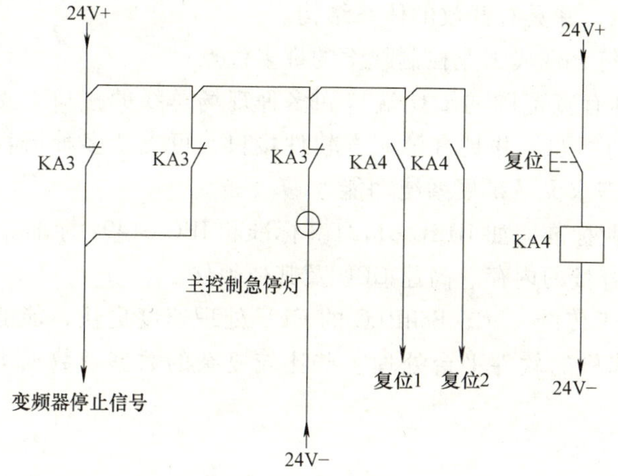

图 3-24　变频器急停及复位回路

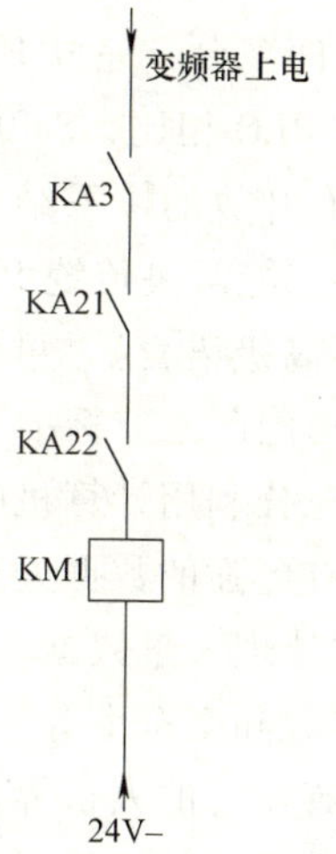

图 3-25　变频器上电回路

2. PLC 的选择

（1）S7-300PLC　S7-300PLC 主要由以下模块组成：

1）CPU 模块。CPU 模块不断地采集输入信号，执行用户程序，刷新系统的输出；存储器用来存储程序和数据。

2）信号模块（I/O 模块）。信号模块是联系外部现场设备和 CPU 模块的桥梁。输入（Input）模块和输出（Output）模块简称 I/O 模块，分为开关量输入、输出模块（DI/DO）和模拟量输入、输出模块（AI/AO）。输入模块用来接收和采集输入信号，开关量输入模块用来接收从按钮、选择开关、数字拨码开关、限位开关、接近开关、光电开关等来的开关量输入信号。模拟量输入模块用来接收电位器、测速发电机和各种变送器提供的连续变化的模拟量电流、电压信号，或者直接接收热电阻、热电偶提供的温度信号。开关输出模块用来控制接触器、电磁阀、电磁铁和报警装置等输出设备，模拟量输出模块用来控制电动调节阀、变频器等执行器。

3）功能模块（FM 模块）。功能模块主要用于完成某些对实时性和存储容量要求很高的控制任务，例如高速计数、位置控制和闭环控制。

4）接口模块（IM 模块）。CPU 模块所在的机架称为中央机架，如果一个机架不能容纳全部模块，可增设一个或多个扩展机架。接口模块用来实现中央机架与扩展机架之间的通信，有的接口模块还可以为扩展机架供电。

5）通信处理器（CP）。通信处理器（CP）用于 PLC 之间、PLC 与远程 I/O 之间、PLC 与计算机和其他智能设备之间的通信，可以将 S7-300 接入以太网、MPI、Profibus-DP 和 AS-i，或者用于实现点对点通信等。

6）电源模块（PS 模块）。PLC 一般使用 AC200V 电源或 DC24V 电源，电源模块（PS）用于将输入电压转换为稳定的 DC24V 电压，供其他模块和输出模块的负载使用。

（2）SoftPLC　SoftPLC 控制技术又称为 Softlogic 和基于计算机的控制技术，对于它还没有一个准确而统一的定义。西门子公司将 SoftPLC 的定义为“集控制、人机界面、数据处理、通信等功能于一台计算机的解决方案”；3S 公司定义 SoftPLC 为“一种能将工业计算机转换为高端 PLC 的软件”。SoftPLC 可以说是传统 PLC 的软件解决方案，能够在计算机上依靠一定的软件平台，完成 PLC 的所有功能，并具有开放的体系结构。

与传统 PLC 相比，SoftPLC 技术具有符合现代工业控制技术的许多优点：

1）具有开放的体系结构。SoftPLC 具有宽范围的 I/O 端口和多种现场总线的接口，支持多种硬件，能解决传统 PLC 互不兼容的问题，并具有第三方软件接口，可支持多种语言编程（包括高级语言），可允许用户根据需求灵活扩展系统功能。

2）遵循国际工业标准和事实上的工业标准，如 IHEC 61131-3 标准和 IEC 61491 标准。

3）能充分利用计算机的资源，如大容量的内存、高速 CPU 及其他硬件。

4）具有更强的数据处理能力。相对于传统 PLC，SoftPLC 的 CPU 处理速度更快，能够在短时间内处理大量数据，能够利用计算机的软件平台处理一些比较复杂的数据及数据类型，如浮点数和字符串等。

5）具有友好的人机界面，便于操作。

6）具有强大的网络通信功能。SoftPLC 既可以与企业管理信息系统相连，便于企业的整合，也可以监控工厂的设备运行，实现数据传输以及在线监控、编辑、仿真、调试等功能。

7）能够执行比较复杂的控制算法。PLC 除了能够完成传统 PLC 的 PID 调节和离散 I/O 控制外，还能进行过程控制和运动控制。

8）节约成本和培训费用。由于 SoftPLC 具有开放的体系结构，用户不必拘泥于厂家限制，可以根据需求合理选择硬件和软件，以节约成本；SoftPLC 遵循许多工业标准，能节约人员培训费用。

（3）PLC 选择　本站使用德国 KUKA 公司生产的机器人，这种机器人集成了由 KW-Software 公司开发的 SoftPLC MULTIPROG3.5，此软件可使用指令表、结构化文本以及梯形图、功能图和顺序功能图，所有语言都可混合于一个项目中，也可以使用机械顺序功能图表语言（MSFC）。由于循环运行，因此它只需较短的试运行期。扩展的诊断功能只产生极少的停顿周期，在自动化模式下很容易操作。

西门子的 ET200 是基于现场总线 Profibus-DP 或 Profinet 的分布式 I/O。它接收的数据通过总线传输给 PLC 的 CPU，CPU 经过处理后把信号通过 ET200 的输出端输送出去。由于机器人点焊系统的夹具、焊枪、转台等有许多控制信号，而且现场与控制柜距离较远，因此将这些信号连接至 ET200，从站通过 ET200 与机器人主站进行通信，从而实现机器人 SoftPLC 对夹具等的控制。

3. 夹具系统

本站中共有两套夹具，分别位于转台的 A/B 面，用于板件的定位。在转台的每一面都有两个电感式接近开关，如果板件放置无误，则接近开关接通，夹具才可动作。用气缸作为夹具的执行机构，气缸的动作信号以及动作所需的气体都过阀岛来控制。阀岛作为机器人子站通过总线与 ET200 相连，从而实现 SoftPLC 对夹具的控制。

（1）电感式接近开关　电感式接近开关由振荡器、开关电路及放大输出电路（图 3-26）组成。振荡器产生一个交变磁场，当金属板件接近这个磁场并达到感应距离时，在金属板件内产生涡流，从而导致振荡衰减，以至停振。振荡器振荡及停振的变化被后级放大电路处理并转换成开关信号，传输到 PLC，作为夹具关闭的必要条件。此时，接近开关的工作指示灯会亮。如果指示灯没有亮，则说明板件位置没有放好，夹具则不会关闭，否则会将板件压变形。

（2）气缸　气缸是双作用气缸，如图 3-27 所示。活塞把气缸分为有杆腔（简称头腔或前腔）和无杆腔（简称尾腔或后腔）。有活塞杆的腔室称为有杆腔，无活塞杆的腔室称为无杆腔。当 PLC 接收到夹具夹紧信号时，通过总线传输到阀岛，阀岛打开相应气路，压缩空气从无杆腔端的进气口输入，在活塞左端面上的力克服了运动摩擦力、负载等反作用力，推动活塞前进，有杆腔内的空气经该端排气口排入大气，使活塞伸出，从而带动夹具夹紧。当活塞前进到位时，接近开关 2 感应到活塞右边的金属面而接通，向阀岛反馈夹具夹紧到位信号，阀岛收到信号后，关闭相应气路。同样，当 PLC 接收到夹具松开信号时，压缩空气从有杆腔输入，无杆腔气体从排气口排出，完成夹具松开动作。

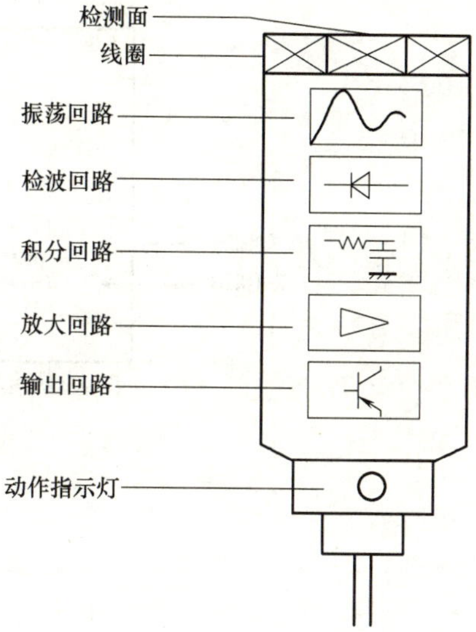

图 3-26　输出电路

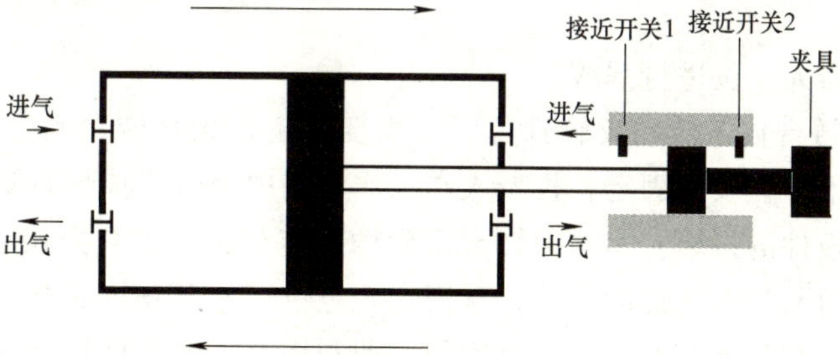

图 3-27　气缸

（3）阀岛　整个夹具系统共有 2 套夹具，每套 4 组，每组 2 个，总共用到 16 个气缸。如果每个气缸都通过分立的电磁阀来控制，势必会带来大量信号、能量的管件和连线。当这些管件和连线跟随转台转动时，因泄露、堵塞、虚接或短路而引发的故障率就会较高，同时还给设备的管理和维护带来不便。除此之外，在整个点焊机器人系统的设计过程中必须要经过对所有分立元件的选型、验收、组装、调试以及整机安装等繁多、费时的步骤，必须投入大量的人力和费用。这不仅使整个系统的开发、制造周期延长，而且常常因为人为因素出现设计或制造错误，从而延误设备的投用日期甚至影响到设备的功能和质量。

本站中夹具系统中所用到的气缸都是通过 Profibus DP 总线型阀岛来控制的。带现场总线的阀岛有一个总线输入口和一个总线输出口，这样当系统中有多个带现场总线阀岛或其他带现场总线设备时，可以由近至远串联连接。这种阀岛与外界的数据交换只需要通过一根 2 股或 4 股的屏蔽电缆即可实现。这大幅度节省了接线时间，而且由于连线的减少使设备所占的空间减小，设备维护更方便。阀岛与 ET200 总线通信如图 3-28 所示。

4. 转台系统

为了减小系统的工作节拍，提高系统工作的连贯性，本站采用转台的方式将两种不同的

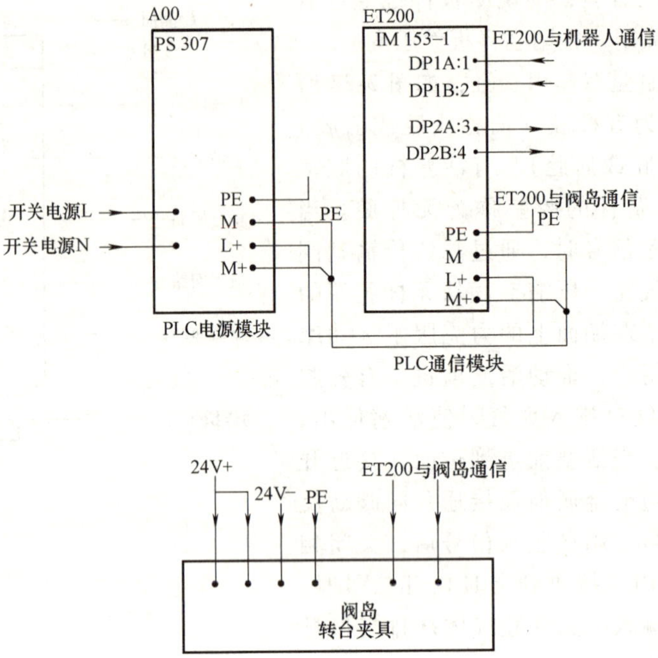

图 3-28　阀岛与 ET200 总线通信

板件连续地送到机器人工位进行焊接。

(1) 电磁阀　转台在正转和反转到位时，需要用定位销将转台固定住，机器人才能对板件进行焊接。如果转台没有固定，机器人在工作过程中会引起转台的偏位，导致焊点不在设计的位置，造成板件的报废。本站中转台用到两个定位销，正转到位和反转到位各一个。通过控制电磁阀的通断带动气缸的运动，从而实现定位销的上升与下降。

本站中用的电磁阀是单电控直动式电磁阀，即利用电磁力直接推动阀杆（阀芯）换向，其工作原理如图 3-29 所示。图 3-29a 所示为电磁线圈未通电时，P、A 断开，阀没有输出；图 3-29b 所示为电磁线圈通电时，电磁铁推动阀芯向下移动，使 P、A 接通，阀有输出。

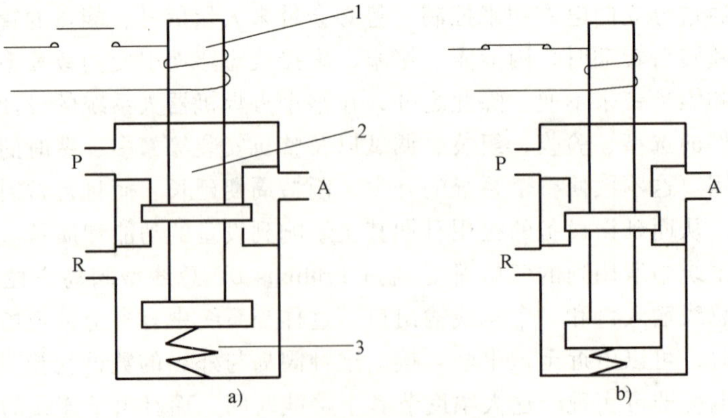

图 3-29　电磁阀工作原理
a) 线圈未通电　b) 线圈通电
1—电磁铁　2—阀芯　3—弹簧

（2）变频器　本站中，转台电动机是通过变频器来控制的。电动机设有两种转速，即低速和高速。当系统在手动模式时，出于安全考虑，转台转动时电动机始终处于低速状态；而在自动模式下，当转台电动机起动之后就处于高速状态，直到减速位的接近开关感应到信号时，电动机转为低速运动，当停止位接近开关感应到信号时，电动机停止。在这种情况下，低速运动是作为转台电动机由高速状态到停止状态的一个过渡过程。变频器控制电路如图 3-30 所示。

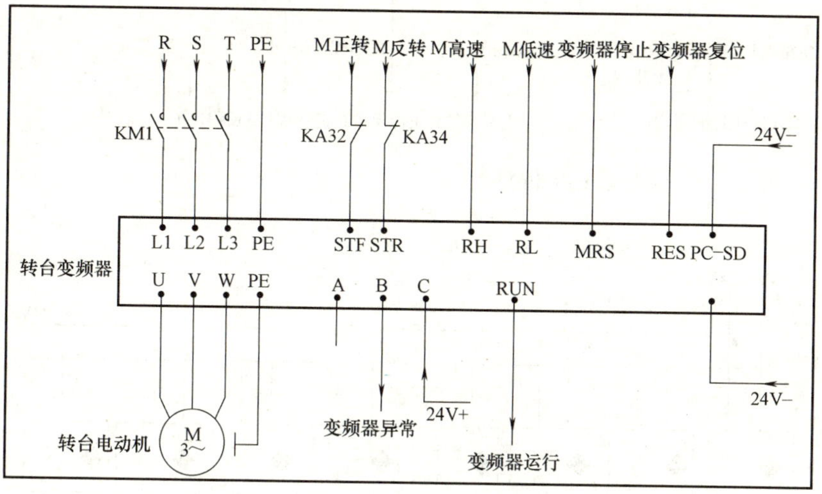

图 3-30　变频器控制电路

（3）电路设计　转台的两侧设有两对电感式接近开关，分别为正转减速位、正转停止位、反转减速位和反转停止位。另外，在转台两侧还设了超程保护，以便在停止位接近开关故障时，电动机能停下来，防止发生碰撞。在转台上还设有制动器，用于在紧急状况下电动机抱闸停止。转台系统的电路原理图如图 3-31 所示。

5. 焊接系统

（1）焊枪　本站中使用的焊钳为气动焊钳，如图 3-32 所示。通过气缸来实现焊钳的闭合与打开。该焊钳共有 3 种动作，即大开、小开和闭合。焊钳的控制电路如图 3-33 所示。焊钳动作及相应功能见表 3-1。

表 3-1　焊钳动作及相应功能

焊钳动作	相应功能
大开—小开	避开障碍，到达焊点位置
小开—闭合	开始打点
闭合—小开	打点结束
小开—大开	避开障碍，前往下一焊点位置

（2）修磨器　焊钳在焊接一段时间后，电极头表面会氧化磨损，这时需要将其修磨之后才能继续使用。本站中为了实现生产装备的自动化，提高生产效率，为点焊机器人配备了一台自动电极修磨器，实现电极头工作面氧化磨损后的修锉过程自动化，同时也避免了人员频繁进入生产线带来的安全隐患。电极修磨器由机器人的内置 SoftPLC 控制，示教专门的电极修锉程序来完成电极修锉。修磨器控制电路如图 3-34 所示。

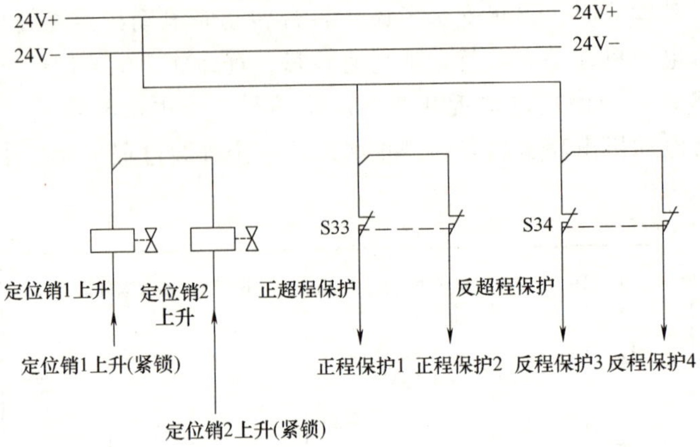

a)

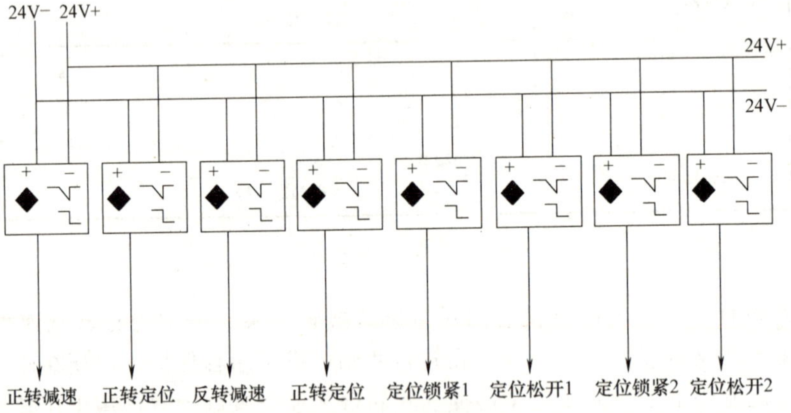

b)

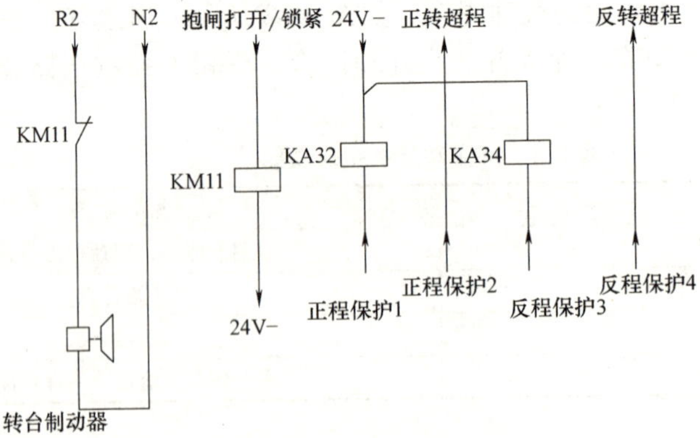

c)

图 3-31　转台系统的电路原理

a）转台定位　b）转台减速　c）转台制动

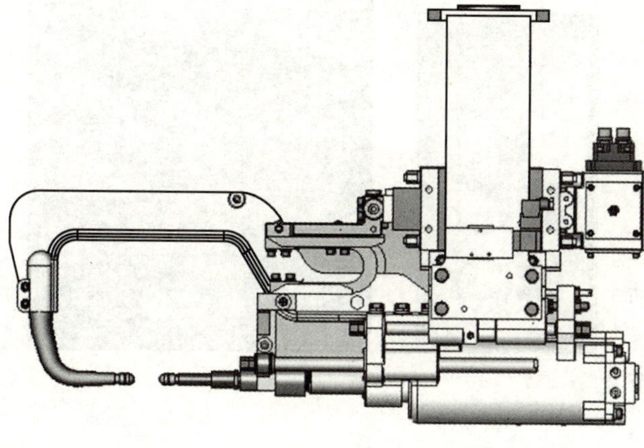

图 3-32 气动焊钳

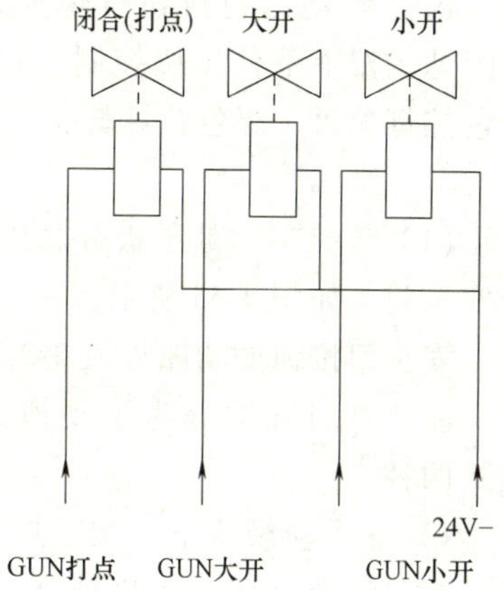

图 3-33 焊钳的控制电路

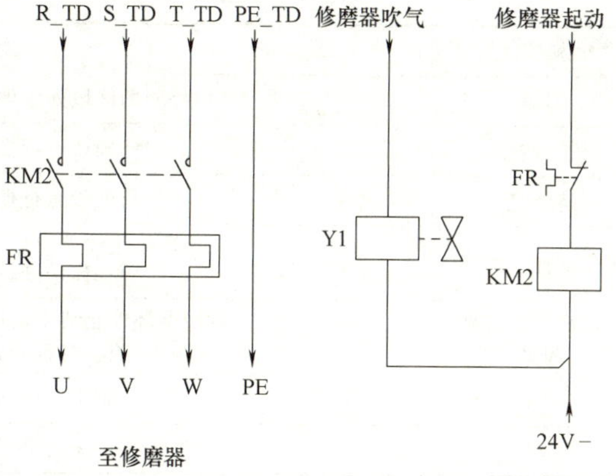

图 3-34 修磨器控制电路

3.5.3 操作

1. 工作流程

第 1 步：自动选择。检查操作屏上的报警画面，消除故障，操作屏选择自动，当绿色柱灯长亮时，则表示自动选择成功。注意：第 1 步只在每天第一次生产或者恢复故障后实施。

第 2 步：上件。此时上件工位控制盒白色按钮灯闪烁，柱灯为绿色。

第 3 步：上件确认。上件完毕后，此时上件工位控制盒白色按钮灯长亮，柱灯为绿色熄灭，红色柱灯闪烁。按下上件工位控制盒白色按钮，红色柱灯熄灭。

第 4 步：擦胶。白色柱灯长亮，可进入上件工位进行擦胶。

第 5 步：擦胶确认。擦胶完毕，白色柱灯长亮，红色柱灯闪烁。按下上件工位控制盒白色按钮，红色柱灯熄灭，白色柱灯熄灭，绿色柱灯长亮。

第 6 步：下件。机器人工作完成后，气缸会自动打开，下件工位控制盒白色按钮灯长亮。此时可以下件。

第 7 步：下件确认。下件完毕后，下件工位控制盒白色按钮灯熄灭，红色柱灯闪烁。按下下件工位控制盒白色按钮，红色柱灯熄灭，绿色柱灯长亮。

2. 控制按钮

（1）安全门　翼子板分总成站包括 1 个安全门，如图 3-35 所示。

安全门按钮的功能见表 3-2。

注意：门开关分为手动模式和自动模式两种。

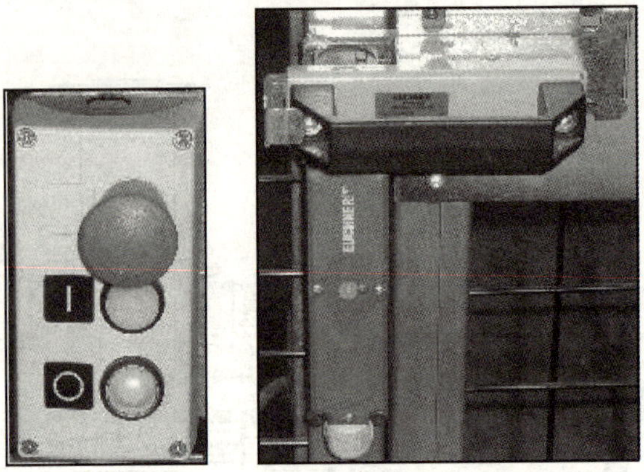

图 3-35　安全门按钮

1）在手动模式下，按下白色带灯按钮，则门锁会缩回，蓝色带灯按钮闪烁，此时可开门。开门后，蓝色带灯按钮熄灭。关上门，蓝色带灯按钮会重新闪烁，按下蓝色带灯按钮，蓝色带灯按钮持续亮，门上锁。

表 3-2　安全门按钮的功能

元件	标签内容	状态/运行	功　能
蓝色带灯	确认	闪烁	门控制的区域处于停止运行模式
		按下按钮	确认运行模式
		持续亮	处于运行模式
白色带灯	停止	第 1 次按下按钮	循环停止请求记忆（自动模式） 开门（手动模式）
		第 2 次按下按钮 闪烁	取消循环停止请求记忆（自动模式） 有循环停止请求
红色蘑菇头开关	急停	ON	正常工作状态
		OFF	急停状态，整个岛会停止下来

2）在自动模式下，按下白色带灯按钮，则会有循环停止请求，此时白色带灯按钮会一直闪烁。当机器人在任务结束后，门锁会自动缩回，此时蓝色带灯按钮闪烁，可开门。开门后蓝色带灯按钮及白色带灯按钮熄灭。关上门，蓝色带灯按钮及白色带灯按钮闪烁。按下白色带灯按钮取消循环停止请求，白色带灯按钮熄灭，再按下蓝色带灯按钮，蓝色带灯按钮持续亮，门上锁。

3）在任何模式下，按下红色蘑菇头开关都属于急停状态，整个岛都会停止下来。

（2）上件工位　翼子板分总成站包括 2 个上件工位按钮盒，前、后门各 1 个。上件工位按钮盒如图 3-36 所示。按钮的功能见表 3-3。

图 3-36　上件工位按钮盒

注意：

1）黑色旋钮控制单件和双件两种模式。当双件生产时，前、后门 2 个按钮盒的黑色旋钮都必须旋转到双件模式。当只单独生产前门时，前门按钮盒黑色旋钮须旋转到单件模式，而后门按钮盒黑色旋钮须保留双件模式，此时后门上件工位不得有件。单独生产后门时，后门按钮盒黑色旋钮须旋到单件模式，而前门按钮盒须保留双件模式，此时前门上件工位不得有件。当前、后按钮盒都为单件模式时，选择是不会成立的。

表 3-3　上件工位按钮盒按钮的功能

元件	标签内容	状态/运行	功　　能
黑色旋钮	单件/双件	单/双件选择	单/双件选择
白色带灯	确认	按下按钮	确认人已走出光栅区域及上件工作完成
		持续亮	自动模式下已上件但无确认
红色蘑菇头开关	急停	ON	正常工作状态
		OFF	急停状态，整个岛会停止下来

2）在任何模式下，按下红色蘑菇头开关都属于急停状态，整个岛都会停止下来。

3）在自动模式下，当上件工位已上件白色带灯按钮会持续亮，按下按钮确认后会熄灭。

（3）下件工位　翼子板分总成站包括两个下件工位按钮盒，左、右各 1 个。下件工位按钮盒如图 3-37 所示。下件工位按钮盒按钮的功能见表 3-4。

表 3-4　下件工位按钮盒按钮的功能

元件	标签内容	状态/运行	功能
红色带灯	检测	持续亮	涂胶请求
白色带灯	重涂	按下按钮	重新涂胶请求
		持续亮	重新涂胶
绿色带灯	合格	按下按钮	检测合格，继续工作
		持续亮	可以检测

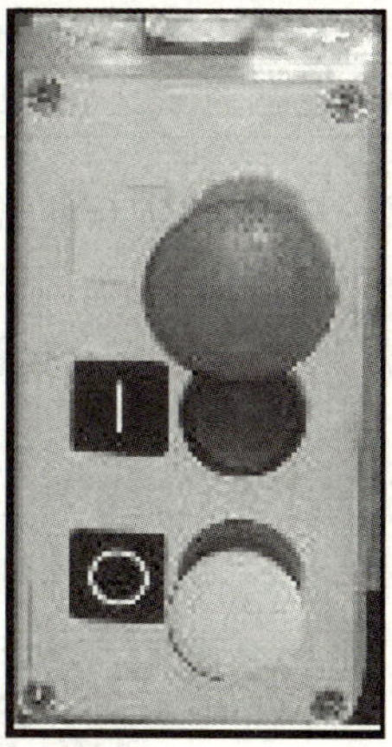

图 3-37　下件工位按钮盒

注意：当机器人回到 HOME 位，绿色带灯按钮持续亮后才能进入上件区域进行涂胶检测，如需要重新涂胶，应先将已涂好了的胶全部清除并按对应的白色按钮后，按下上件工位按钮盒上的确认按钮。

（4）操作屏　本站包括一个操作屏，如图 3-38 所示，操作屏按钮功能见表 3-5。

图 3-38　操作屏

表 3-5　操作屏按钮功能

元件	标签内容	状态/运行	功能
红色蘑菇头开关	急停	ON	正常工作状态
		OFF	急停状态，整个岛会停止下来
钥匙开关	停止	ON	不停止供电(24V)
		OFF	停止供电(24V)
绿色带灯按钮	启动	持续亮	开始供电
黑色选择旋钮	自动/手动	选择手/自动	选择手/自动模式
绿色带灯按钮	自动启动	闪烁	自动模式尚未成立
		亮	自动模式成立
		熄灭	不在自动模式
红色按钮	自动停止	按下	自动模式不成立
红色带灯按钮	故障复位	按下	要求故障复位
红色带灯按钮	急停复位	按下	要求急停复位

注意：按下启动按钮必须在停止钥匙开关处于“ON”的状态下才能开始供电。自动模式必须在无急停、安全门关闭状态下将旋钮选择自动，并按下自动启动按钮后才能成立。机器人光栅于上件光栅一起被闯入等同于急停。急停复位必须在急停开关松开后按下才能起效。

操作屏上电后，在第一次启动程序或者断电后上电，必须单击“000EK_ 001”，启动区域 1，再单击✓按钮，进入对应画面后再单击“功能”按钮，如图 3-39 所示。

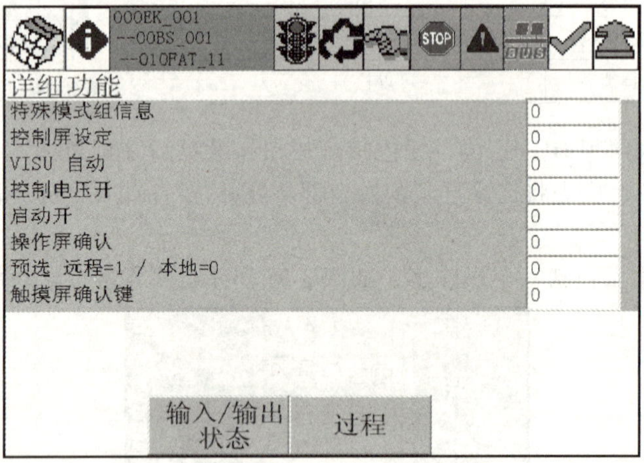

图 3-39　操作屏上电

此画面中，“控制电压开”“启动开”“操作屏确认”3 个选象都需要选“1”。单击“移动”按钮，将出现设备控制画面，如图 3-40 所示。

左/右边 K1MR/K1MV 变为绿色表示该动作正在进行，B1MR/B1MV 变为绿色表示该动作已经完成，目前该阀（设备）所处的状态为开/关。

“打开”“关闭”按钮上有三角形的标志，当标志为绿色时，表示该设备被允许打开或

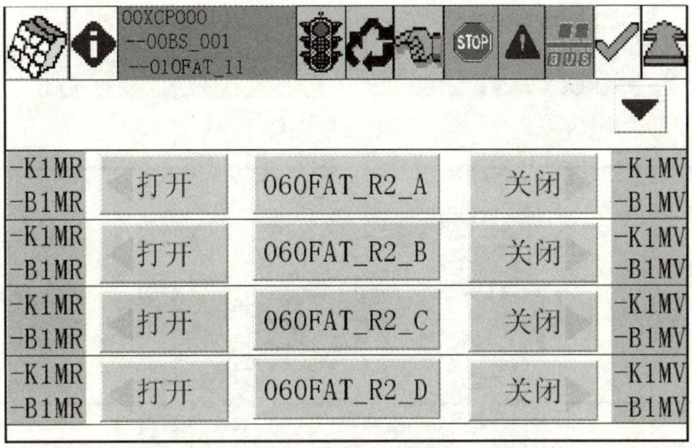

图 3-40 设备控制画面

者关闭，此时在手动模式下单击按钮，可以控制该设备。单击中间设备各按钮将打开对应的该设备的详细状态图，如图 3-41 所示。

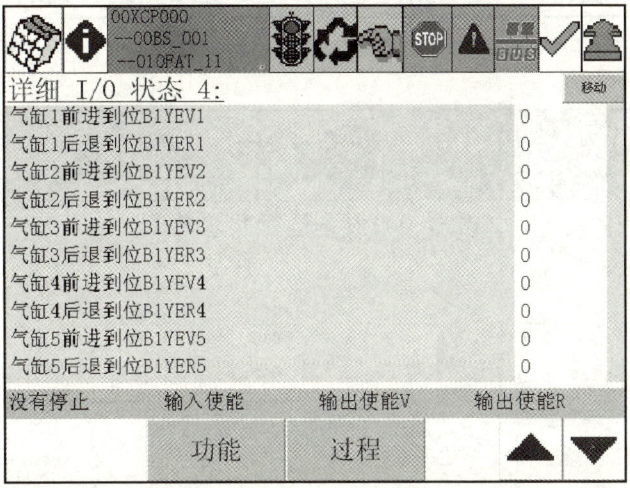

图 3-41 设备状态图

图中可以看出此组气缸的所有阀的到位信息，及此组气缸是否有急停、打开使能、关闭使能。

单击屏上左上方的图标，可以回到主画面，单击主画面中“接口”按钮，可以看到 PLC 与机器人的信号交换页面，如图 3-42 所示。

画面中左边信号为机器人给 PLC 的信号，右边为 PLC 给机器人的信号，左上角“字节＊＊”按钮可对应不同信号的画面切换，右边向下、向上按钮为机器人之间的切换。单击画面上部机器人名称按钮可以进入机器人步序图，如图 3-43 所示。

画面下方 5 个信号为机器人常用信号，如果是绿色则表明已有该信号。画面中每步对应的白色方块如果变为绿色，则表明该步已经完成。如果对应的该步未运行，则单击该步，会出现该步所需的条件画面，如图 3-44 所示。

如果条件背景变为绿色，表明该条件满足；条件背景如果是白色，表明该条件尚未满

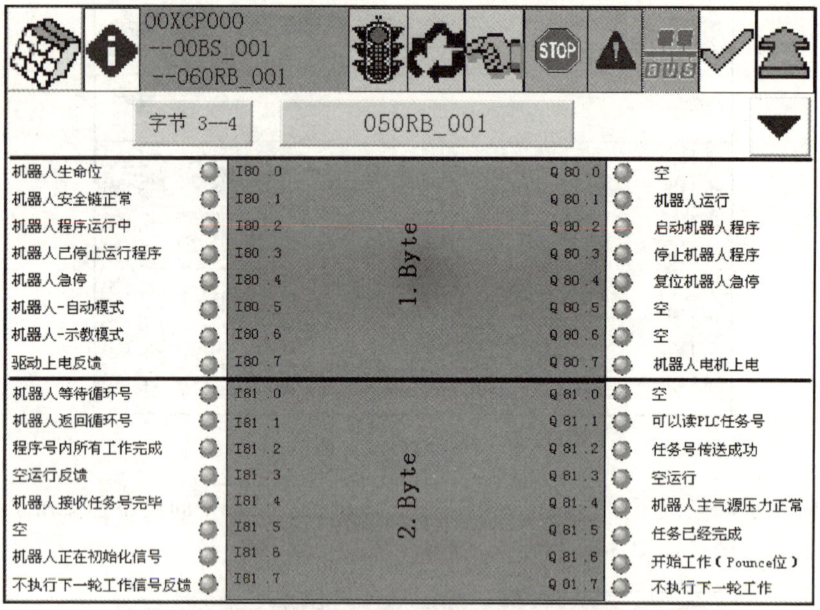

图 3-42 PLC 与机器人的信号交换页面

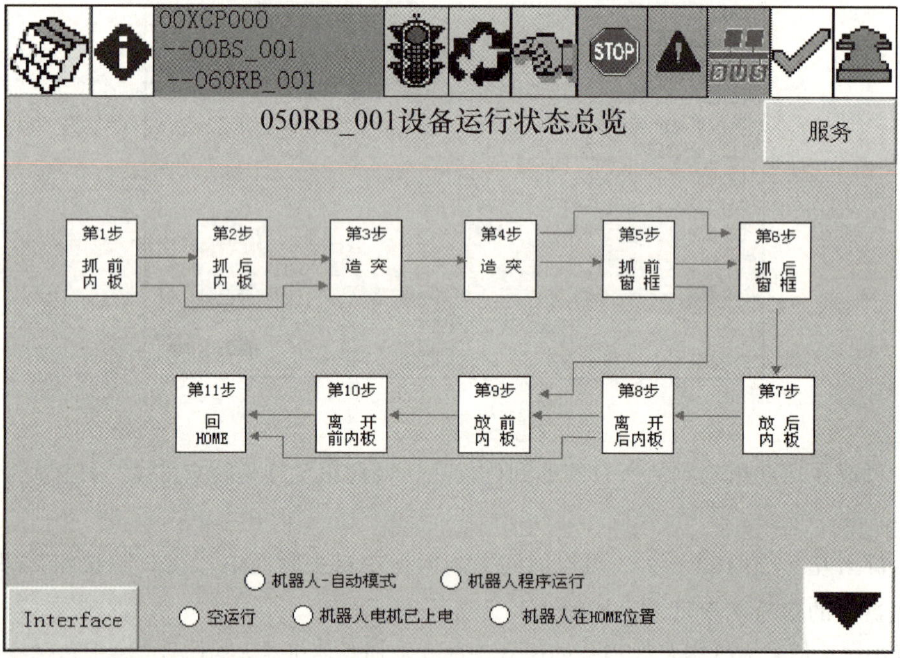

图 3-43 机器人步序图

足。单击画面右上角返回图标，可以返回到步序图画面。

单击主画面中“--00BS_ 001”控制台 1，再单击画面上确认按钮，可进入控制站画面，此画面对应的是站内各设备的状态。再单击“--00 BS_ 001”控制台 1，单击画面上确认按钮，进入控制台状态画面，单击功能，出现图 3-45 所示的画面。

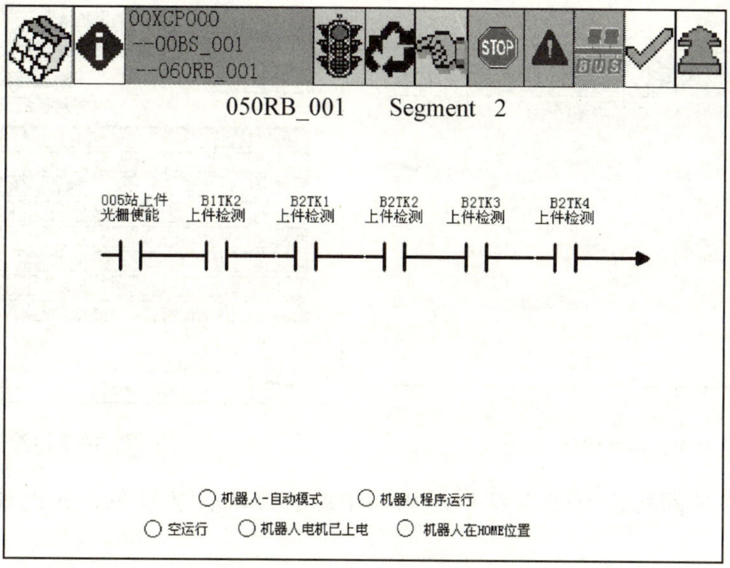

图 3-44 条件画面

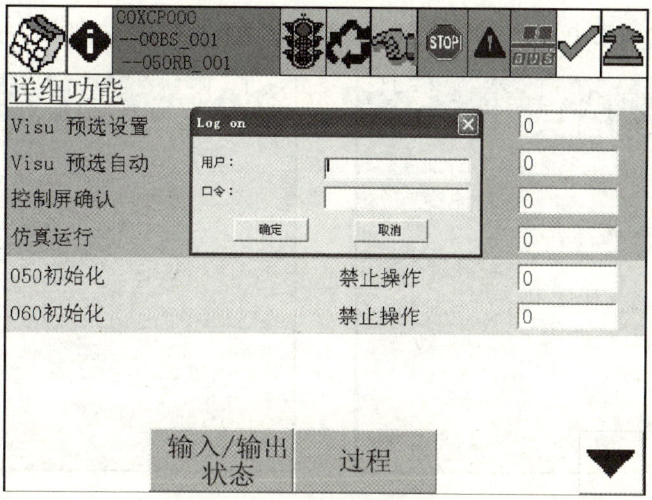

图 3-45 控制台状态画面

在此画面中可以对机器人进行初始化、置位完成、仿真运行的操作，但这些操作都需要权限。目前用户名为：admin，密码为：admin。输入用户名和密码后就可以对机器人进行初始化、置位完成、仿真运行操作了。

在主画面中单击报警按钮可进入报警画面，如图 3-46 所示。

报警画面中，如果有故障出现，此画面会出现对应的中文报警。在状态一栏中，如果出现的是“C”，表示该故障一直存在未消失；如果出现的是“CD”，表示该故障曾经出现但现在已经消失；如果出现“CA”，表示该故障目前还存在但已经被确认；如果出现“CD”状态，单击“确认”按钮则该故障可消失。

单击主画面中网络按钮，则可出现网络诊断画面，如图 3-47 所示。

图 3-46　报警画面

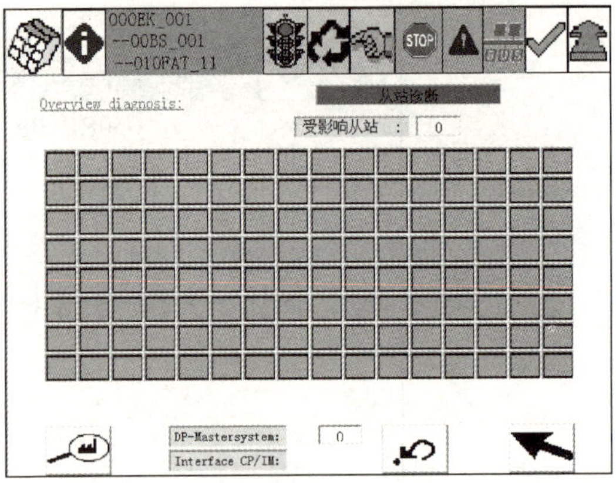

图 3-47　网络诊断画面

如果网络出现问题，则图 3-47 所示画面中绿色方块会变红色，并出现网络出故障的 DP 号。

单击主画面中的“000XCP000CPU 诊断”，再单击✓，则可以看到 CPU 信息，如图3-48所示。

单击图 3-48 主画面中“维护”按钮，可以进入 HMI 设备维护画面，如图 3-49 所示。

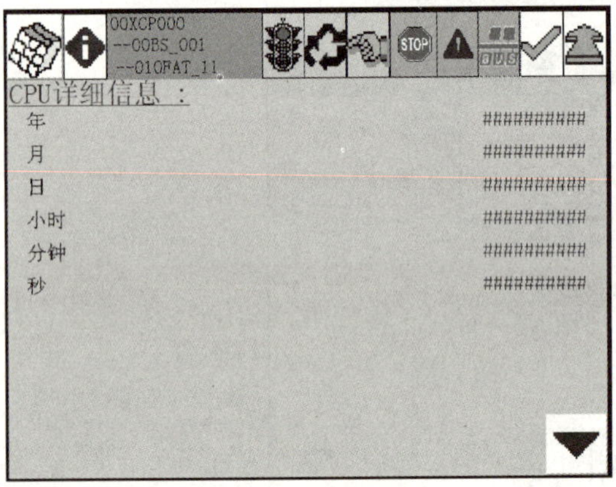

图 3-48　CPU 信息

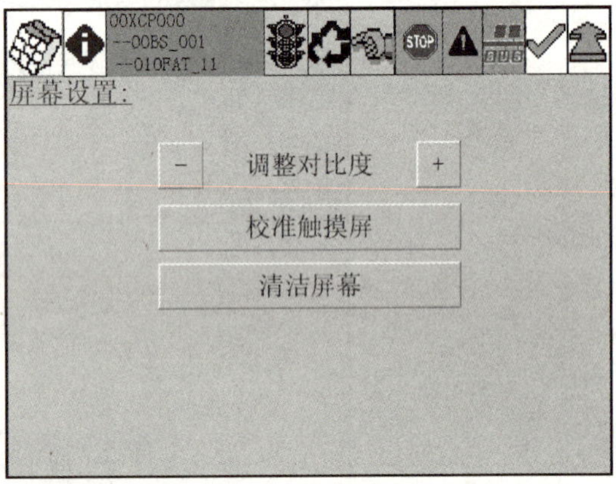

图 3-49　设备维护画面

3. 设备维护

内门生产为自动化生产，设备的维护、检修很重要。

（1） 每日检查

1） 检查紧急停止按钮、安全光栅、安全门、传感器、激光扫描仪，还有功能检查。

2） 检查操作面板是否有错误信息，进行信号灯测试。

3） 检查工位的主压缩空气压力。

4） 检查压缩空气管道，空气压力表数值是否正常。

5） 检查水、气单元信号和工位的气动单元是否正常。

6） 检查机器人程序是否正常、报错。

（2） 每周检查

1）零件检测。检查传感器表面磨损情况、信号线是否磨损、接头是否紧固。

2）检查各信号线及气管磨损、烧损情况，标识是否完整。

3）检查各气缸是否漏气、接头紧固是否可靠、保护套是否完好。

4）检查真空阀消声器是否清洁，真空压力是否正常。

5）检查真空吸盘磨损情况，是否开裂、边缘破损，必要时更换。

6）检查控制柜空气过滤网是否清洁。

7）检查控制柜电线接头是否紧固。

4. 设备安全

安全控制的方式如下：

（1）紧急停止　通过工位操作处的操作盒上的急停按钮来实现，有紧急情况时按下急停按钮，紧急情况排除后，松开急停按钮。

停止范围：全站，气源切断，机器人停止，所有设备停止，无法动作。

（2）安全门　按白色按钮，蓝色灯闪烁时可拉开安全锁。

停止范围：全站，气源切断（自动模式），机器人停止，所有设备停止，无法动作。

（3）安全光栅　安全光栅分为人工光栅和机器人光栅，当050机器人光栅和上件光栅同时被闯时，相当于急停。

停止范围：全站，气源切断（自动模式），机器人停止，所有设备停止，无法动作。

注意事项：

1）严禁在机器人抓/放件时进入上/下件工作区域。

2）严禁在生产时通过安全护栏的缝隙或者翻越安全护栏进入机器人岛。

3）在手动操作夹具时须注意是否与机器人抓具干涉。

4）在需要维修岛内设备时，必须打开安全门从安全门进入岛内。

5）严禁随便拍屏以及各个按钮盒上的急停按钮，紧急情况下可按急停按钮，一般停止只需在安全门上按下停止按钮。

3.5.4 软件设计

1. 运行模式

本设计中机器人点焊系统有两种运行模式，即自动模式和手动模式，因此软件设计也分为自动模式下的软件设计和手动模式下的软件设计。当工人进行示教程序调试（包括焊点及相应轨迹的示教和修磨的示教），或进行故障处理时，选择手动状态，可以通过主控制柜上的各种按钮对夹具、转台进行操作。当系统调试完毕，能够批量生产时，选择自动状态，让机器人点焊系统自动完成夹具的打开与夹紧、转台的转动、机器人的点焊以及修磨器修磨。

在主控制柜上有手动/自动转换开关、A/B面选择开关、4个夹具打开按钮、4个夹具夹紧按钮、定位销上升按钮、定位销下降按钮、转台正转按钮、转台反转按钮、急停按钮、故障复位按钮和系统启动按钮。

设计机器人点焊系统电气控制软件的依据是该系统的工艺，因此确定本设计中机器人点焊系统的工艺对于软件设计是至关重要的。机器人点焊系统在生产现场的安装布局如图3-50所示。根据这种布局，确定本设计中的系统工艺如下：假设初始时工作台A面位于工件取放区，而工作台 B 面位于机器人工位，而且机器人在原点。当系统上电时，A 面夹具打开，放入工件后，夹具关闭，定位销 1 下降，转台开始正转。当转台到位时，定位销 2 上升，固定转台，之后机器人开始对 A 面板件进行焊接。同时，工作台 B 面夹具应该打开，工人取出板件，并且放入新件，之后 B 面夹具关闭。这些动作必须在机器人完成对 A 面的点焊任务之前完成。当机器人完成对 A 面的点焊任务，回到原点之后，发出工作完成信号，此时定位销 2 下降，转台转动，转台到位后定位销 1 上升，机器人开始对 B 面板件进行焊接。如此循环，直到有中断打破循环。

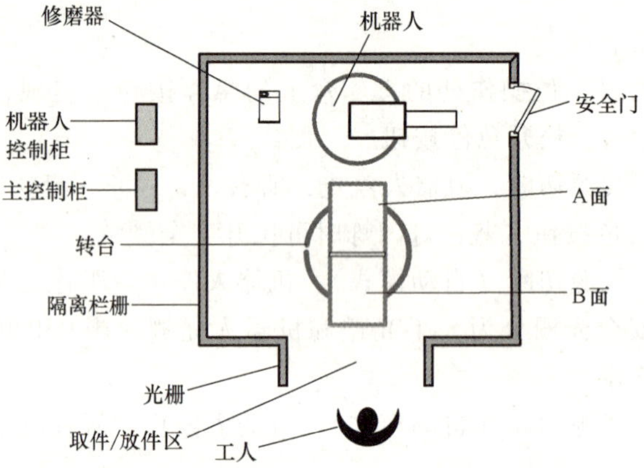

图 3-50　机器人点焊系统在生产现场的安装布局

2. 系统软件

对于一个复杂的程序，一定要有一个程序总流程图，以便反映各个程序子模块间的内在联系，表达各个子模块的功能。

（1）手动模式　手动模式软件总体流程图如图 3-51 所示。

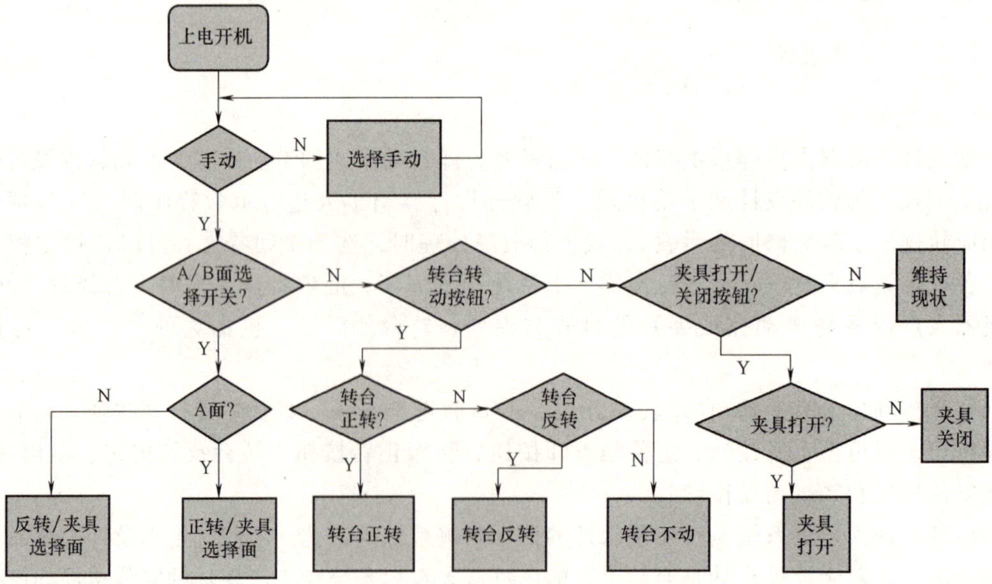

图 3-51　手动模式软件总体流程图

（2）自动模式　根据对软件任务的分析得到自动模式软件总体流程图，如图 3-52 所示。

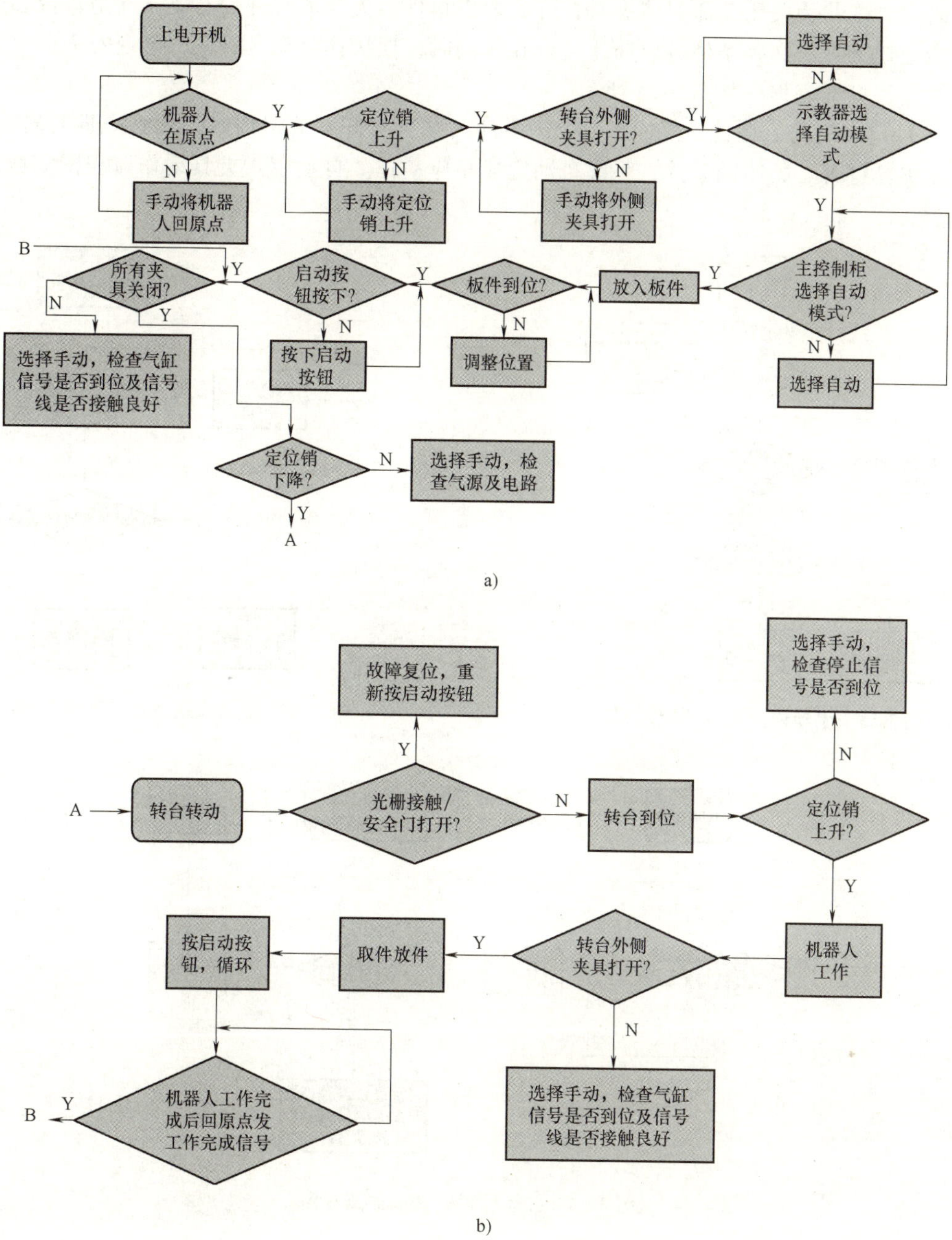

图 3-52　自动模式软件总体流程图

3. 夹具系统

（1）手动模式　若夹具现状为打开，在放入板件之后需要将夹具关闭。夹具能够关闭的必要条件是用于板件定位的两个接近开关工作指示灯亮，这说明接近开关已经感应到板件，板件放置无误，按下夹具关闭按钮之后，夹具夹紧，绝不会造成板件变形。如果至少有一个接近开关没有工作，按夹具关闭按钮则无效。此时应该检查板件位置是否放置正确，或接近开关信号线是否接触良好。手动模式夹具关闭流程图如图 3-53 所示。

若夹具现状为关闭，需要将夹具打开，取出板件。夹具能打开的必要条件是转台必须到位，定位销上升。必要条件可以防止转台在转动时，误操作将夹具打开，出现安全事故。手动模式夹具打开流程图如图 3-54 所示。

（2）自动模式　在自动模式下，无需手动按夹具打开、关闭按钮，只要按照工艺流程，满足了夹具打开、关闭的条件，系统自动完成相应动作。自动模式夹具动作流程图如图3-55所示。

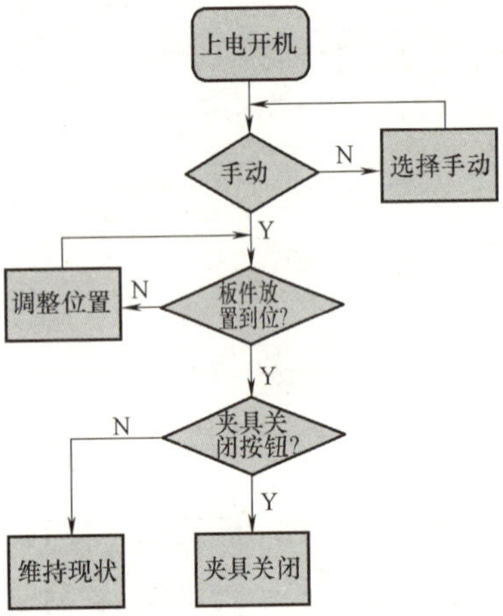

图 3-53　手动模式夹具关闭流程图

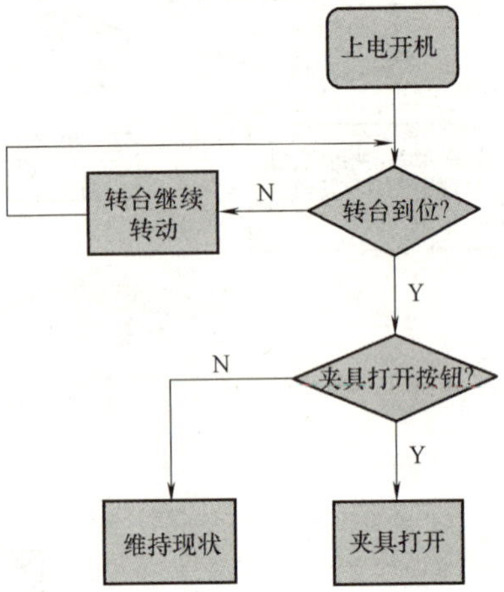

图 3-54　手动模式夹具打开流程图

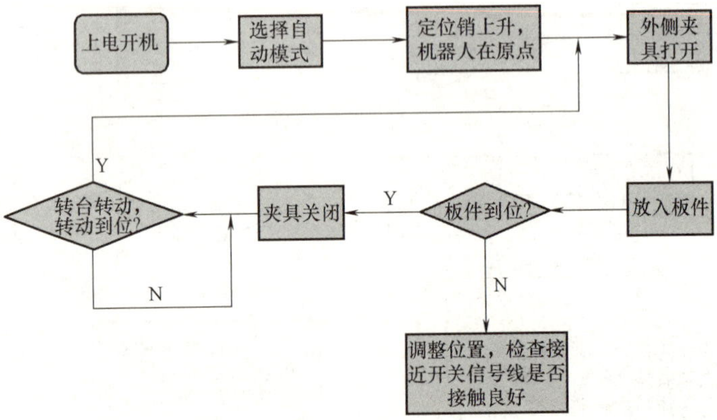

图 3-55　自动模式夹具动作流程图

4. 转台系统

（1）手动模式　通过机器人的示教器设定机器人初始位置（也是机器人工作完成之后回到的位置）为机器人原点（安全点），即机器人停在此点能确保转台在转动过程中不会因撞到机器人而损坏设备。在手动模式下，按转台正转按钮或转台反转按钮可以起动转台。转台只有在定位销处于下降状态下才能起动，而定位销下降的前提是机器人在原点。如果机器人不在原点，按定位销下降按钮是无效的。转台到位后，按下定位销上升按钮，将转台定位。手动模式转台动作流程图如图 3-56 所示。

（2）自动模式　在自动模式下，按照工艺流程，只要转台起动的条件成立了，转台自动起动。自动模式下转台动作流程图如图3-57所示。

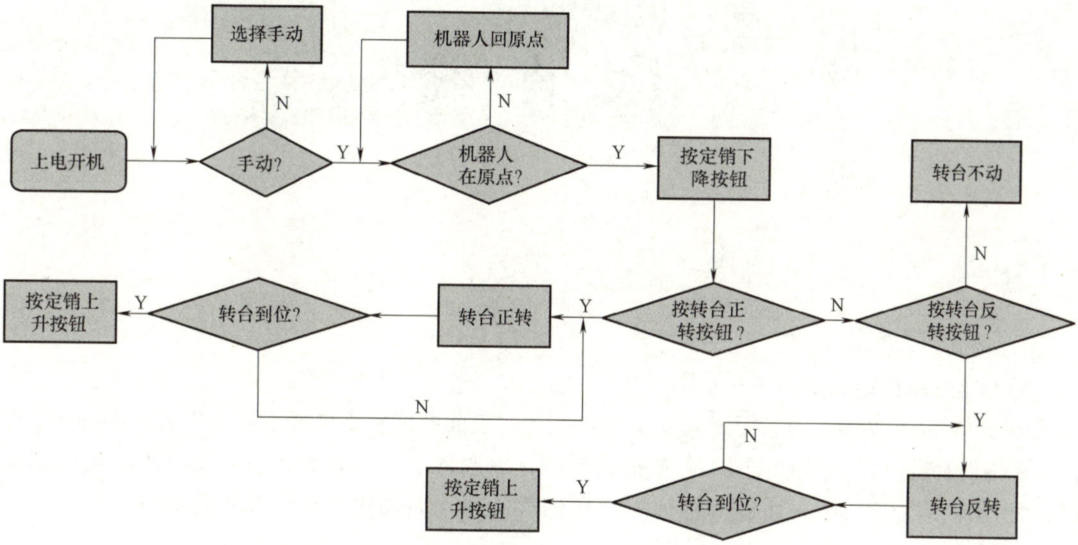

图3-56　手动模式转台动作流程图

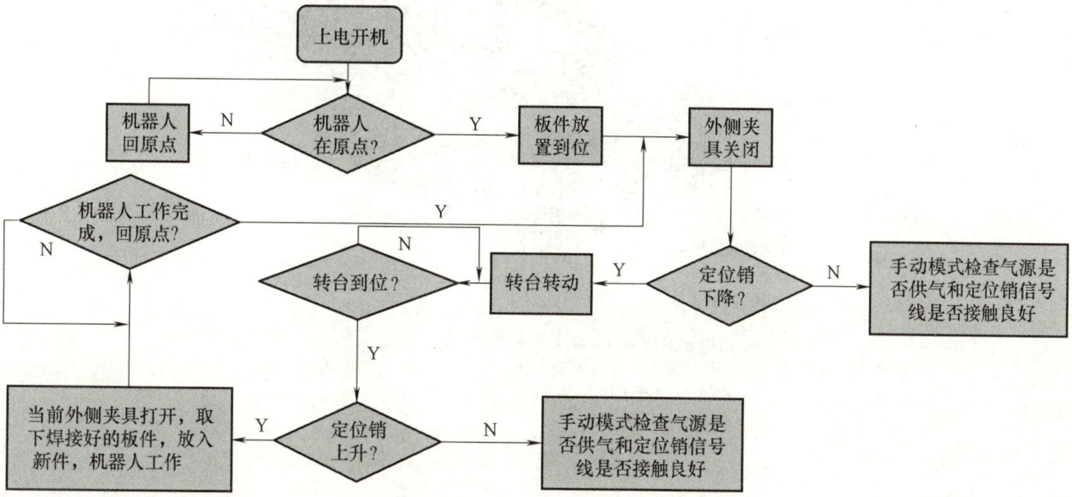

图3-57　自动模式下转台动作流程图

项目4

涂 装 线

4.1 喷漆

1. 定义

轿车车身涂层组成如图4-1所示。汽车喷漆工艺一般可分为两大部分：一是喷漆前金属的表面处理，也称为前处理技术；二是喷漆的施工工艺。表面处理主要包括清除工件表面的油污、尘土、锈蚀以及进行修补作业时旧涂料层的清除等，以改善工件的表面状态。表面处理还包括根据各种具体情况对工件表面进行机械加工和化学处理，如磷化、氧化和钝化处理。

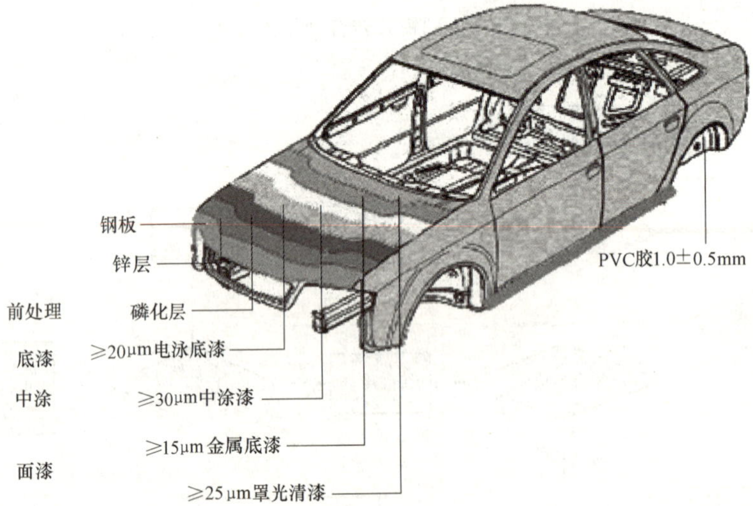

图4-1　轿车车身涂层组成

2. 作用

1）保护作用。从主体上讲制造汽车90%用的是钢材，如果不给汽车涂漆，汽车的使用寿命就大大缩短，所以汽车涂漆非常必要。涂膜可以保护车不受腐蚀，随着新型材料的上市，涂膜保护的作用越来越强，如高耐划伤性能、弹性、耐污染性等。

2）美观作用。漆膜有漂亮的外观、华丽柔和的色泽。20世纪50年代至今，漆膜从单一的颜色逐渐发展到各种不同的颜色。汽车油漆从素色漆到金属漆，再到珍珠漆也有了不同的视角改观，从而提升了汽车的外观，给人以美感。

3）价值作用。随着汽车的诞生，人类对汽车颜色的要求不断提高，不同油漆品种也出现了喷漆工艺技术上的大改进。例如在4S店买车，同样的车型油漆品种不一样，汽车价位也有所不同，一般喷金属漆、珍珠漆的车比喷素色漆的总价要高。

4）识别作用。任何事物都要有区分，汽车车身的颜色体现了不同的用途，例如部队用的军车、工程车、消防车等颜色均不一样。

3. 侧重点

汽车喷漆工艺根据汽车类型的不同而各有特点和侧重点。

载重汽车的主要喷漆件是前部驾驶室，喷漆要求最高，其他部件如车厢、车架等喷漆要求比驾驶室低。

客车的喷漆与载货汽车的喷漆有较大区别。客车车身包括大梁、骨架、车厢内部、车身外表面，其中车身外表面要求较高。车身外表面不但要求具有良好的保护性和装饰性，而且喷漆面积大、平面多，有两种以上的颜色，有时还有汽车色带。因此，施工周期比载货汽车长，施工要求比载货汽车高，施工过程比载货汽车复杂。

轿车和小型旅行车，不论在表面装饰性或底层保护性方面都比大型客车和载货汽车的要求高。它的表面涂层属于一级装饰精度，具有美丽的外观、光亮如镜或光滑的表面，无细微的杂质、擦伤、裂纹、起皱、起泡及肉眼可见的缺陷，并应有足够的机械强度。底面涂层属于优良保护层，应有优良的防锈性和耐蚀性，很强的附着力。局部或全部刮涂附着力好、机械强度高的腻子，使用数年也不会出现锈蚀或脱落等现象。

4. 生产线

喷漆生产线主要由前处理电泳线（电泳漆是最早开发的水性涂料，它的主要特点是喷漆效率高、经济安全、污染少，可实现完全自动化管理。喷涂电泳漆之前需要进行预处理）、密封底涂线、中涂线、面涂线、精修线及其烘干系统组成。喷漆生产线全线工件输送系统采用空中悬挂和地面滑橇相结合的机械化输送方式，运行平稳、快速便捷，采用 PLC 可控编程，根据生产工艺的实际要求编程控制，实行现场总线中心监控，分区自动实现转接运行。

喷漆生产线全线各烘干系统的设计参照国外的设计理念和参数，烘道室体均采用桥式结构（密封底涂炉除外），保证了炉温的均匀性和稳定性，提高了热能的效益性；供热装置引进了加拿大科迈科公司的产品，选用进口的燃烧器和控制系统，经测试各烘干系统运行良好、稳定，温度曲线平滑持续。

5. 发展

我国喷漆生产线的发展经历了由手工到生产线，再到自动生产线的发展过程。我国的喷漆工艺可以简单归纳为：前处理→喷漆→干燥或固化→三废处理。

我国的喷漆工业真正起源于 20 世纪 50 年代。当时的一些项目中开始建立了喷漆生产线，但这些生产线一般是由钢板焊的槽加钢结构的喷（涂）漆室和干燥室（炉）组合而成的，由电动起重机吊挂工件（少数用悬挂输送机）运行。当时的酸洗槽一般为钢板衬铅，随着时代发展，出现了衬玻璃钢或全部采用玻璃钢的槽。从 20 世纪 60 年代开始，由于轻工业的发展，首先在自行车制造行业出现了机械化生产的流水线和自动化生产的流水线，以及在原有槽流水线生产的基础上加上程序控制的小车形成的程控流水线。这期间我国喷漆工业的主要任务还是以防腐为主。

随着我国经济和外喷漆技术发展，通过技术引进和与国外技术的交流，我国喷漆技术开始飞速发展，在喷漆自动化生产方面，静电喷漆和电泳涂漆技术的推广应用、粉末喷漆技术的研制及推广，特别是我国家电行业、日用五金、钢制家具、铝材构件、电器产品、汽车工业等领域的蓬勃发展，使喷漆事业有了明显的进步，在喷漆生产线中还出现了智能化的喷漆机器人。

4.2 喷漆工艺

4.2.1 前处理、电泳系统

喷漆车间前处理、电泳系统主要由输送链、槽体、实体、排风系统、加热系统、喷淋系统、供水管路、过滤系统和油水分离系统等组成。

1. 工艺

前处理系统由洪流冲洗、预脱脂、脱脂、工业水冲洗、表调、磷化、工业水冲洗、工业水浸洗、钝化、循环 DI 冲洗 1、循环 DI 冲洗 2、纯净水冲洗共 12 道工序组成。

(1) 洪流冲洗　用大流量的热水从车身前风窗冲入车身内部，冲洗掉车身内部的铁屑、焊渣和灰尘等杂物，同时活化油污，便于下道工序脱脂。

(2) 预脱脂和脱脂　用脱脂剂喷淋、浸洗车身，以除去车身内、外表面上的油污。一般预脱脂槽为喷淋槽，脱脂剂浓度较高；脱脂槽为浸洗槽，有出槽喷淋，槽液可向预脱脂槽溢流。生产中要监控的参数是脱脂剂浓度、槽液温度和喷淋压力，巡检主要检查喷嘴角度、是否堵塞等，如果发现槽液中油污含量高，除油能力下降，应及时换槽。脱脂是喷漆前处理的基础，如果车身表面油污清洗不干净，会影响后一工序磷化，使磷化膜不完整，甚至返锈，进而影响电泳涂膜质量，产生花斑、颗粒等弊病。

(3) 工业水冲洗　脱脂后的工业水冲洗是为了冲洗干净车身表面残留的脱脂剂。

(4) 表调　用胶体钛盐水溶液处理车身表面，取代车身表面残留的脱脂剂中的碱性离子，形成致密的磷化结晶中心。在高磷比的磷化体系中，表调工序必不可少，车身表面只有经过表调处理，磷化时才能生成球状结晶，形成致密、均匀的磷化膜。生产中只需监控 pH 值即可，但胶体钛盐易老化，必须定期换槽。

(5) 磷化　用磷酸及磷酸盐对车身表面进行处理，生成致密、均匀的磷化膜。磷化的目的是给车身提供短期的工序间防护，防止车身表面产生锈蚀，提高电泳漆膜的附着力和耐蚀能力。生产中要监控的参数是游离酸度、总酸度、酸比、促进剂浓度、槽液温度等。

(6) 工业水冲洗和工业水浸洗　磷化后的两道水洗是为了冲洗干净车身表面残留的磷化液和磷化渣，防止污染电泳槽或影响电泳漆膜的质量。

(7) 钝化　金属经氧化性介质处理后，其腐蚀速度比原来未处理前有显著下降的现象称为金属的钝化。其钝化机理主要可用薄膜理论来解释，即由于金属与氧化性介质作用，在金属表面生成一种非常薄的、致密的、覆盖性能良好的、能坚固地附在金属表面上的钝化膜。这层膜呈独立相存在，通常是氧和金属的化合物。它起着把金属与腐蚀介质完全隔开的作用，防止金属与腐蚀介质直接接触，从而使金属基本停止溶解形成钝态达到防止腐蚀的效果。

(8) 纯净水冲洗　这是最后一道冲洗，同时用车身出槽时的新鲜纯水喷淋，保证冲洗干净车身表面的浮漆，否则会导致电泳漆膜出现花斑弊病。

2. 电泳

电泳涂装工艺由电泳、电泳后清洗、吹干和烘干（涂膜固化）等工序组成。电泳过程由摆杆链式输送系统在输送过程中自动完成。车身进、出电泳池如图 4-2 所示。

3. 设备

图 4-2 车身进、出电泳池

（1）组成 1 工位包括加热循环泵 1 台（电动机 22kW）、喷淋泵 1 台（电动机 30kW）、纸滤机系统 1 套、槽液热交换器 1 套、除油系统 1 套；2 工位包括加热循环喷淋泵 1 台、槽液热交换器 1 套；3 工位包括加热循环泵 2 台（电动机 45kW）、喷淋泵 1 台（电动机 7.5kW）、纸滤机系统 1 套、槽液热交换器 1 套；4、5 工位循环泵各 1 台（电动机 15kW、22kW）；6 工位包括加热循环泵 1 台（电动机 37kW）、喷淋泵 2 台（电动机 37kW、45kW）；7~11 工位各有循环喷淋泵 1 台（电动机 11kW、22kW、15kW、11kW、22kW）。

电泳系统由去离子水喷淋、电泳、循环超滤液喷淋、超滤液浸洗、循环 DI 冲洗、纯净 DI 冲洗共 6 道工序组成。电泳工位包括前端循环泵 2 台（电动机 45kW）、加热循环泵 2 台（电动机 45kW）、超滤供漆泵 1 台（电动机 45kW）、阳极液循环泵 1 台（电动机 2.2kW）、轴封泵 2 台；2、3、5 工位各有循环喷淋泵 1 台。

（2）控制模式 前处理、电泳系统各泵的控制分为自动和手动模式，在设备自动运行下可以手动停、开其中任意的泵，以方便维修。前处理系统需要先开启送排风系统（风机逐台自动开启，无需每台独立开启），再开启加温系统（加热泵逐台自动开启，无需每台独立开启），在槽液温度达到工艺设定值时才可以开启前处理生产模式（各工位泵逐台自动开启，无需每台独立开启）。电泳系统也需要在 1、2、3 工位各泵正常运行条件下才可开启生产模式，起动其他各泵。

（3）液位及温度 通过液位计、电磁阀来实现 PLC 对各槽液位的控制。

液位计采用 Endress+Hauser（恩德斯+豪斯，简称 E+H）液位计，如图 4-3 所示。

槽液温度通过交换器（图 4-4）、温控表（图 4-5）和自动阀（图 4-6）及 PLC 自动控制温度。

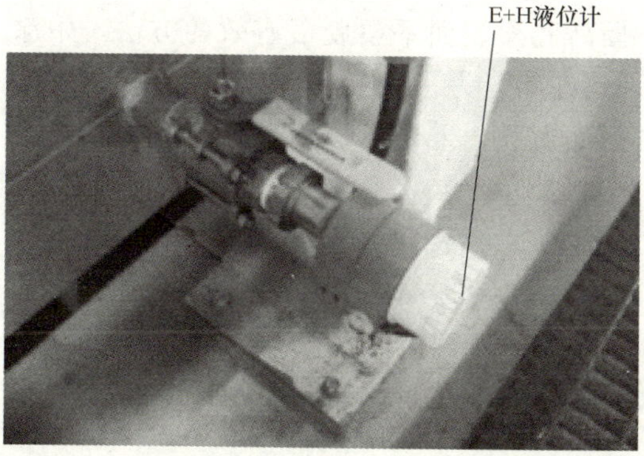

图 4-3 E+H 液位计

图 4-4 交换器

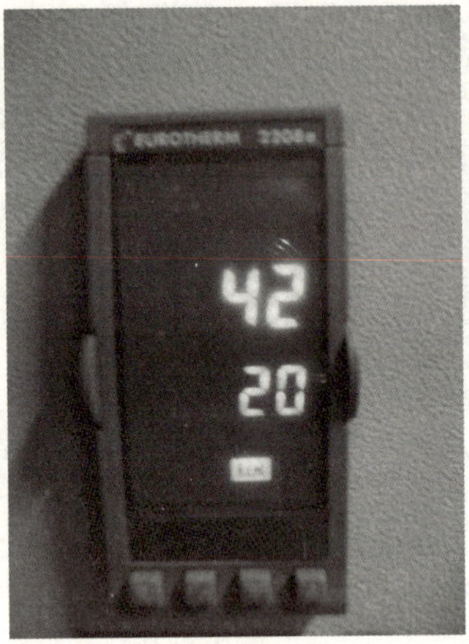

图 4-5　温控表

图 4-6　自动阀

4.2.2　电泳、中涂、色浆烤箱

1. 中涂工艺

中间涂层简称中涂层，其主要作用是改善被涂车身表面和底漆的平整度，为面漆层创造良好的基底，提高面漆涂层的鲜映性、丰满度和抗石击性，以达到良好的外观装饰效果。中涂工艺内容见表 4-1。

表 4-1　中涂工艺内容

序号	工序名称	作用与功能
1	底漆打磨	消除表面缺陷，形成良好的喷漆基面，增强涂层附着力
2	擦净	去掉车身表面杂质，确保车身表面清洁，保证中涂层质量
3	喷漆	形成良好、鲜映性好、丰满度高的漆膜
4	晾干（流平）	在自然流平的过程中，挥发多余的溶剂，形成平整的漆膜
5	烘干	使漆膜完全固化，避免后续工序对车身外观的不良影响
6	强冷	降低车身温度，便于下续工序的连续进行

（1）底漆打磨　打磨是消除底漆表面缺陷、提高底漆表面平整度最有效的方法。中涂打磨有人工打磨和机械手自动打磨两种作业方式。近些年，为了改善汽车涂装操作工的工作环境，减少可能对工作人员健康带来影响工位的用工人数，采用机械手自动打磨越来越普遍。人工打磨如图 4-7 所示，机械手自动打磨如图 4-8 所示。

（2）擦净　保证涂装前车身表面洁净是获得高质量涂装质量重要且最基本的保证，为此需对车身进行擦净处理。其方法是采用吹、擦相结合的方式，除去车身表面上的灰尘、水渍，力争做到车身表面的洁净度达到 100%。擦净处理由人工和机械自动两种作业方式。机械自动擦净的质量好、效率高。人工擦净如图 4-9 所示，鸵鸟毛擦净机擦净如图 4-10 所示。

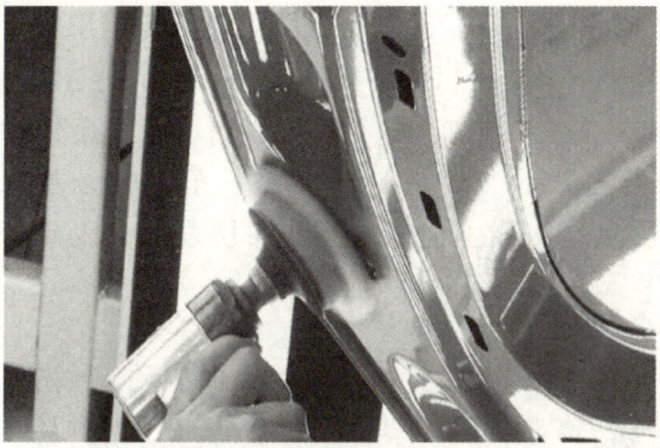

图 4-7 人工打磨

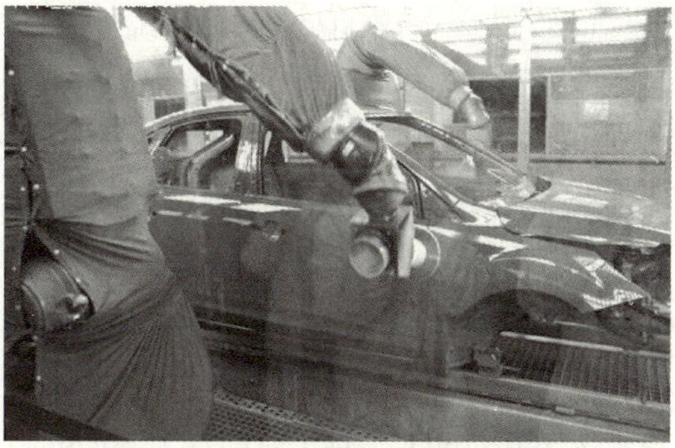

图 4-8 机械手自动打磨

图 4-9 人工擦净

图 4-10 鸵鸟毛擦净机擦净

（3）喷漆 为了确保涂装质量，中涂喷漆在专门的恒温、恒湿的超高洁净度工艺区内进行。在早期，中涂喷漆均采用人工作业。随着轿车合资企业的建立，机械手自动喷漆的作业方式开始引入国内汽车制造企业，中涂喷漆开始进入人工喷漆和机械手自动喷漆相结合的车身涂装作业阶段。近几年，我国轿车产业高速发展，生产方式的进步越来越快，中涂涂装和面漆（色漆和清漆）大多已全部采用机械手自动涂装。车身外部喷漆如图 4-11 所示。车身内部喷漆如图 4-12 所示，机械手将发动机罩打开，喷涂发动机舱内部。

图 4-11 车身外部喷漆

图 4-12 车身内部喷漆

（4）晾干　尽管机械手喷漆系统可以大幅提高喷漆的均匀度，但要想做到绝对均匀事实上是不可能的。中涂用涂料（油漆）具有很好的流动性，一方面可以利用油漆在失去流动性前的短暂过程，让漆面充分自动流平；另一方面，在其尚未失去流动性前，进行高温烘烤，但这会带来漆面炸裂、橘皮、鱼鳞斑等质量缺陷。因此，适当的晾干（流平）时间是一个十分必要和重要的工艺过程。由于未干的漆层表面具有高的黏附性，降尘会严重损伤漆层表面，因此晾干（流平）的环境应高度洁净。

（5）烘干　中涂烘干在专门的高洁净度密封烘炉内进行，如图 4-13 所示。烘干温度为 140~150℃，烘干时间约为 30min。

图 4-13　中涂烘干

（6）强冷　高达 140℃以上的高温车身既不便于向下一道工序转运，又不便于下一道工序的施工（稍不注意会烫伤操作工），所以需要强冷。强冷后的车身温度一般控制在 40℃左右。自然冷却所需时间太长，会影响生产效率，为此需要在短时间内实现冷却。冷却时间若能短到足以满足流水生产的节拍要求最为理想，但冷却时间还受漆面快速强冷是否会带来漆膜损伤（冷却速度太快会导致漆膜炸裂）及能耗太高等因素的影响。实践表明，中涂强冷时间为 6~8min 较为合适。

2. 烤箱

（1）控制模式　电泳烤箱、中涂烤箱和面漆烤箱的控制采用自动和手动模式。当设备无任何报警故障时，可以按起动按钮一次逐台起动各风机直至各燃烧器起动，整个系统运行。手动模式可以逐台起动各风机，逐台开启各燃烧器。

（2）烤箱温度　烤箱的各段温度通过 PLC、温控表、K 型热电偶（图 4-14）、燃烧器（图 4-15）、燃气调节阀自动控制温度。

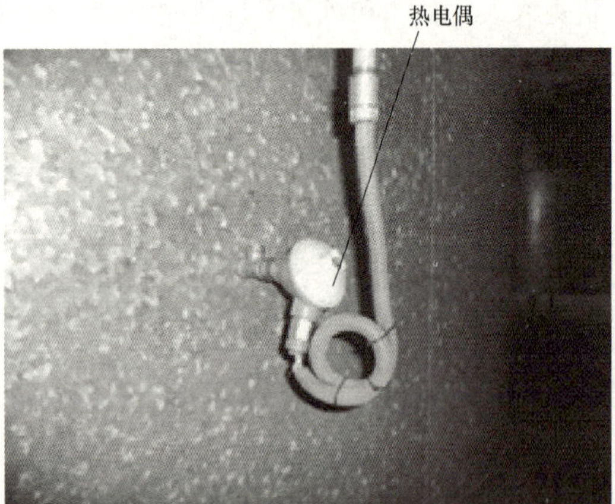

图 4-14　K 型热电偶

图 4-15　燃烧器

4.2.3　ASH 系统

喷漆车间 ASH（Air Supply House）系统由车间 ASH 系统、工作台 ASH 系统、中涂及色浆 ASH 系统、混漆间 ASH 系统、注蜡间 ASH 系统组成。各 ASH 系统根据工艺的要求控制温、湿度也有所区别。所有 ASH 系统都有燃烧器以调节一次进风空气温度；车间 ASH 系统有冷冻水表冷器以调节夏季车间的温度；中涂及色浆 ASH 系统有冷冻水表冷器、锅炉热水表冷器和加湿水槽（槽内有液位计以自动控制水槽液位）通过调节阀控制喷漆室的温、湿度；混漆间 ASH 系统有冷冻水表冷器和加湿水槽（槽内有液位计以自动控制水槽液位）控制混漆间及喷漆室洁净廊的温、湿度；工作台 ASH 系统和注蜡间 ASH 系统有加湿水槽（槽内有液位计以自动控制水槽液位）控制各工位的温、湿度。

1. 起动、停止

ASH 系统通过控制柜控制系统按顺序自动启动和停止。当设备无任何报警故障时，可以按起动按钮一次逐台起动各风机（通过定时器定时不同时间达到延时起动风机的目的），直至整个系统运行。手动模式可逐台起动各风机，直至手动开启整个系统。关机时，首先关闭燃烧器，待燃烧器温度降到设定值时关闭系统各风机。

2. 温度、湿度控制

ASH 出风口要求自动控制温度和湿度。夏季通过制冷水调节阀、锅炉热水调节阀、水喷淋自动调节控制 ASH 出风口的温、湿度，冬季通过燃烧器加热进风口的空气温度，锅炉热水调节阀、水喷淋自动调节出风口的温、湿度达到设定值。英国欧陆公司温、湿度控表如图 4-16 所示。

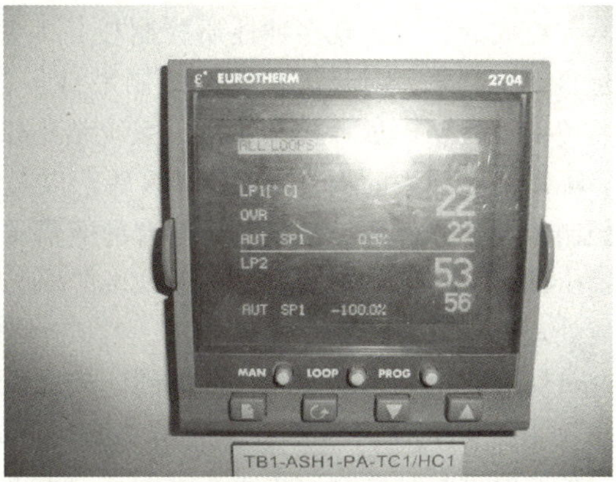

图 4-16 英国欧陆公司温、湿度控表

4.3 A-B PLC

4.3.1 罗克韦尔系统

1. 组成

ControLogix 系统是罗克韦尔自动化有限公司继传统的可编程序控制器 PLC2、PLC5/SLC500 之后推出的第三代工业控制产品，从硬件配置、通信方式到数据结构都有根本的变化，控制和数据传送概念完全不同，如图 4-17 所示。它是高度模块化结构、可灵活地任意组合和扩充的高性能控制平台；通过背板总线强大的网关功能，完成信息层、控制层和设备层这 3 个开放式的通信平台之间的自由转换，并兼容 DH+、RI/O、DH485/串口等传统通信网络。IEC1131-3 标准的结构体数据形式可完善地表达生产过程数据实体，并使控制器与外部系统的数据交换可实现无缝连接。作为第三代控制器产品，被称为可编程序自动化控制器的 ControLogix 控制器已经不限于单纯的时序逻辑控制，它是一种综合的控制器，所能实现的控制功能几乎覆盖了工业控制的基本需求。由于控制功能的发展和逐步完善，具有替代专用型控制系统的趋势，它是一种通用的、集专用系统于一体、用于常规控制的系统化的控制设备，其适应性、综合性、互通性、集成性和易于使用是其他控制系统无可比拟的。

图 4-17　ControLogix 系统

Logix 系统不同于传统的 PLC，它是由先进的系统构建理念、高性能的硬件和功能强大的软件组成的，可实现多种性质控制任务的复杂多任务控制平台。ControlLogix 系统是罗克韦尔自动化有限公司最新推出的控制平台，它提供了单一的集成化控制架构，能够实现离散、传动、运动、过程控制任务。系统结构以三层网络为构架，以 ControlLogix 控制器为核心，配以功能强大的 RSLogix5000 软件，以及相关的网络组态软件 RSLinxs，它提供了通用的控制工具、软件环境，以及跨平台的通信支持。

ControlLogix 控制器还可以通过 EtherNet、ControlNet 和 DeviceNet 网络模块及其网络，将远离处理器的分布式 I/O 连接起来，实现分布式 I/O 数据处理。同样，可以通过 EtherNet、ControlNet 和 DeviceNet 网络将分散的处理器连接起来，实现分布式控制。Controllogix 集中了 Logix 通用平台的多种优点，即通用的编程环境、通用的通信网络、通用的控制引擎，提供了一个既能满足高性能应用需求又易于使用的环境。ControlLogix 在编程软件、控制器和输入、输出诸方面的紧密集成降低了试运行和正常操作的开发成本和时间。

ControlLogix 系统以紧凑的、经济的产品提供离散控制、驱动控制、运动控制、过程控制、安全控制、便利的通信连接、艺术级的输入输出功能。ControlLogix 系统的优点如下：是模块化的系统，能有效地设计、建立和修改它，这有助于在培训和工程方面显著地降低成本；是真正意义上的冗余控制器结构，提供无扰动切换和高可靠性；提供众多的通信选择、模拟量、数字量和特殊输入输出模块；ControlLogix 产品通过了 TUV 认证，能够应用于 SIL2 要求的项目中。ControlLogix 内容容量最大可扩展到 8M，ControlLogix 控制器支持高标准过程控制应用。ControLNet 控制网网络是一种用于对信息传送有时间苛刻要求的、高速确定性网络，同时，它允许传送无时间苛求的报文数据，但不会对有时间苛刻要求的数据传送造成冲击。它支持介质冗余和本质安全，在工业控制网络中，主要用于控制器、工控机、图形终端和人机界面（HMI）之间的通信。同时，能够与各种设备连接，包括操作员界面、拖动装置以及其他与控制网连接的设备。采用生产者/消费者（Producer/Consumer）模型，支持对等（点对点）、多主和主从通信方式，或三者的任意组合。高吞吐量 5Mb/s 的数据传送率用于改善 I/O、控制器互锁以及对等通信报文传送的性能。

2. 设备层

DeviceNet 设备网网络是一种用于对底层设备信息传送现场总线的网络。它既可以连接简单的底层工业设备，又可以连接像变频器、操作员终端这样的复杂设备。其物理层采用 CAN 总线技术，通过一根电缆将诸如可编程序控制器、传感器、测量仪表、光电开关、变频器、操作员终端等现场智能设备连接起来，它是分布式控制理想的解决方案。

DeviceNet设备网网络虽然属于工业控制网络的底层网络，通信速率不高，数据传输量也不大，但其具有低成本、高效率、高可靠性的特点。其同一网段上最多可以容纳64个节点，3种可选的数据传输速率：125kbit/s、250kbit/s、500kbit/s，采用生产者/消费者（Producer/Consumer）模型，支持对等（点对点）、多主和主从通信方式。

4.3.2 编程软件

ControLogix系统专用的编程软件是RSLogix5000，它是罗克韦尔自动化有限公司自行开发的产品，具有世界领先的水平。RSLogix5000梯形图编程软件包有灵活易用的编辑功能、通用的操作画面、诊断和纠错工具。RSView是高度集成、基于组件的人机界面，发挥微软领先技术优势的监控软件，其开放性与第三方程序有高度兼容性。RSLinx为现场设备连接罗克韦尔自动化产品的通信软件，界面友好、功能强大，支持不同网络上的设备通信。

ControLogix系统专用的RsLogix5000是功能十分强大的编程软件，不仅仅用来对控制器进行常规的编程，更多的用于组态和监控，所有的对外交换的信息，不管是I/O刷新信息还是对外设备的通信信息，都要经过编程软件的组态或编程，更重要的是它对系统的监视功能会诊断，所有它属下模块的工作状态全在它的监视之下，其诊断结果将明确告知问题的所在，可正确迅速地查找原因，这是传统控制器编程软件不能做到的。

RSLogix5000软件是符合IEC61131-3标准的软件包，是一个包含编程、诊断、在线监控等功能的集成系统开发平台。系统的主要功能是为控制工程师和系统编程人员提供一个可以把他们的程序概念转变成一系列的程序图和定义，用于快速地创建可执行程序。

RSLinx提供了一个贯穿整个网络的友好的用户图形界面，支持和许多不同网络上的多种设备同时进行通信。RSNetWorx网络组态软件是用于进行组态和规划的工具，允许用户为网络创建一个图形化界面，并配置相应的参数以定义网络。根据三层网络构架分别有3个软件：RSNetWorx for DeviceNet（用于设备网组态）、RSNetWorx for ControlNet（用于控制网组态）和RSNetWorx for EtherNet/IP（用于以太网组态）。

ControlLogix控制器采用了模块化的设计，无源数据总线背板结构。包括处理器在内的所有单元，根据功能设计成各种模块，典型的处理器模块如Logix5561处理器，并且模块种类不仅包括数字量、模拟量这些传统的信号模块，还有各种网络通信模块，更突出的还有专门的运动伺服控制模块及相应的全套的运动控制指令，这就可以为工业控制提供一种非常灵活并且十分完整的控制方案。所有的模块都安装于标准的ControlLogix机架内。

喷漆车间前处理、电泳系统、烤箱系统、ASH系统、输送链系统、喷漆机器人系统全部采用罗克韦尔的ControlLogix控制器，处理器模块为Logix5561处理器，使用RSLogix5000软件进行编程。

4.3.3 变频器

变频器是利用电力半导体器件的通断作用，将工频电源变换为另一频率的电能控制装置，能实现对交流异步电动机的软起动、变频调速、提高运转精度、改变功率因数、过流/过压/过载保护等功能。变频器的主电路大体上可分为两类：电压型是将电压源的直流变换为交流的变频器，直流回路的滤波是电容；电流型是将电流源的直流变换为交流的变频器，其直流回路滤波是电感。变频器是利用电力半导体器件的通断作用将工频电源变换为另一频率的电能控制装置，可分为交-交变频器和交-直-交变频器。交-交变频器可直接把交流电变成频率和电压都可变的交流电。交-直-交变频器则是先把交流电经整流器整流成直流电，再经过逆变器把这个直流电流变成频率和电压都可变的交流电。

AB 公司生产的 PowerFlex 系列变频器如图 4-18 所示。它基于罗克韦尔自动化有限公司的 NetLinx 开放网络体系，为 DeviceNet、ControlNet 和 EtherNet/IP 网络提供一系列通用的特性和服务，并导致更低的生产者成本。当用户进行控制、组态和采集数据的时候，可以很容易地管理从车间底层到顶层的信息，并无缝地将它们成为一个完整的系统。它适用于 DeviceNet、ControlNet、Profibus、Nterbus-S 等网络。

PowerFlex70（700）可以通过 DeviceNet 网络适配器与变频器进行通信，与处理器 Logix5561 建立连接进行数据交换。用户可以利用 HIM 人机界面对适配器进行组态，也可以使用软件 RSNetWork for DeviceNet 组态。HIM 是 PowerFlex70（700）的一个控制面板，如图 4-19 所示，具有良好的人机界面，可以直接进行人机对话且功能强大。

图 4-18　PowerFlex 系列变频器

图 4-19　PowerFlex70 控制面板

4.3.4 启动器

喷漆车间ASH系统送、排风机功率大，除了使用PowerFlex变频器启动外，还有的使用智能启动器直接启动，如工作台和车间ASH 180-200kW电动机就使用智能启动器直接启动。智能启动器如图4-20所示，该启动器具有体积小、使用方便、成本低的特点。

图4-20 智能启动器

4.4 生产线

喷漆车间二层是生产操作层，包括3个喷漆室，每个喷漆室有一套自动喷漆机器人系统，分别为中涂自动喷漆机器人系统、色漆自动喷漆机器人系统、清漆自动喷漆机器人系统。每套机器人系统包括6台日本川崎机器人，机器人电控系统和ITW旋杯喷漆系统相结合，负责喷漆车身的两侧和平面部位，并且还有辅助器人工作的车型识别站和离子风系统等。通过罗克韦尔的ControlLogix系统和RSLogix5000软件及Controlnet等网络系统就可以把这些不同的系统通过电控系统联系起来。控制系统自动化程度较高，数据采集量大，系统可靠性要求较高。机器人系统的电器和机械的集成化特别高，在动作轨迹上运用川崎机器人电控系统，在具体喷漆上运用ITW旋杯喷漆系统。

4.4.1 喷漆设备

1. 自动喷漆机器人

喷漆机器人如图4-21所示。这种机器人是可以进行自动喷涂或喷涂其他涂料的工业机器人。喷漆机器人主要由机器人本体、计算机和相应的控制系统组成，液压驱动的喷漆机器人还包括液压油源，如油泵、油箱和电动机等。机器人多采用5或6自由度关节式结构，手臂有较大的运动空间，并可做复杂的轨迹运动，其腕部一般有2~3个自由度，可灵活运动。较先进的喷漆机器人腕部采用柔性手腕，既可向各个方向弯曲，又可转动，其动作类似人的手腕，能方便地通过较小的孔伸入工件内部，喷漆其内表面。喷漆机器人以前采用液压驱动，具有动作速度快、防爆性能好等特点；现在一般都采用电动机机械驱动各轴，各种机械部件和电器元件都是在密封的空间里，然后把空间内充满高压空气，使之达到防爆、防尘的目的。它们都可以通过手把手示教或点位示数来实现示教。喷漆机器人广泛用于汽车、仪表、电器、搪瓷等工艺生产部门。

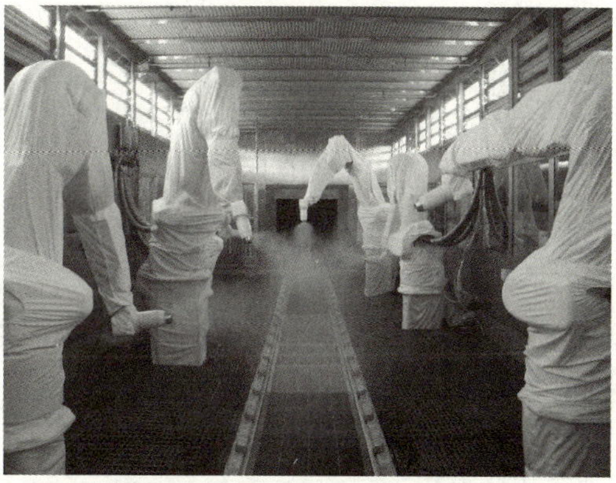
图4-21 喷漆机器人

喷漆机器人的主要优点是：①柔性大、工作范围大；②提高了喷漆质量和材料使用率；

③易于操作和维护，可离线编程，大大地缩短了现场调试时间；④设备利用率高，喷漆机器人的利用率可达90%~95%。

2. 自动喷漆机

自动喷漆机及配件的类型很多，分为2轴、3轴和4轴，根据复杂程度确定喷漆机的轴数。喷漆机又分为喷枪、涂胶机、电弧喷漆机、高压无气喷漆机、双组分喷漆机、喷漆枪、空气喷枪等。有些落后设备渐渐被新型喷漆机所替代。现在的新型喷漆机跟过去传统的喷漆方法有着本质的不同。

1）自动喷漆机具有极高的喷漆效率。其喷漆效率高达500~1200m^2/h，是传统滚筒施工的10倍以上。

2）自动喷漆机具有极佳的表面质量。其喷漆涂层平整、光华、致密，无刷痕、滚痕和颗粒。

3）自动喷漆机具有延长涂层使用寿命的作用。高压无气喷漆能使涂料颗粒深入工件空隙，使漆膜与工件形成机械咬合，增强涂料附着力，延长涂层的使用寿命。

4）自动喷漆机能够轻而易举地攻克拐角、空隙和凹凸不平的难喷部位。

3. 静电自动喷漆机

工作时，静电喷漆的喷枪或喷盘、喷杯、涂料微粒部分接负极，工件接正极并接地，在高压电源的高电压作用下，喷枪（或喷盘、喷杯）的端部与工件之间形成一个静电场。涂料微粒所受到的电场力与静电场的电压和涂料微粒的带电量成正比，而与喷枪和工件间的距离成反比。当电压足够高时，喷枪端部附近区域形成空气电离区，空气激烈地离子化和发热，使喷枪端部锐边或极针周围形成一个暗红色的晕圈，在黑暗中能明显看见，这时空气产生强烈的电晕放电。

涂料中的成膜物即树脂和颜料等大多数由高分子有机化合物组成，多为导电的电介质，溶剂性涂料除成膜物外还有有机溶剂、助溶剂、固化剂、静电稀释剂及其他各类添加剂等物质。这类溶剂性物质除了苯、二甲苯、溶剂汽油等，大多是极性物质，电阻率较低，有一定的导电能力，它们能提高涂料的带电性能。

涂料经喷嘴雾化后喷出，被雾化的涂料微粒通过枪口的极针或喷盘、喷杯的边缘时因接触而带电，当经过电晕放电产生的气体电离区时，将再一次增加其表面电荷密度。这些带负电荷的涂料微粒在静电场的作用下，向导极性的工件表面运动，并被沉积在工件表面上形成均匀的涂膜。

4.4.2 喷枪系统

喷漆系统从以前到现在，大致可以分成两种雾化方式的喷漆类型，即空气喷枪和静电喷涂。

1. 空气枪喷系统

传统的空气喷枪利用高压空气把涂料吹散和雾化，同时利用高压空气来控制雾化后涂料的扇面大小，从而喷漆到工件表面。喷漆系统采用悬臂式往复喷漆，喷枪置于高处的横梁上，执行不间断的往复运动，车身以一定的速度前进，使漆料均匀地喷在车身表面。经过一定时期的发展，往复式喷漆发展到多轴喷漆系统，在原有的基础上增加了上下、前后两个方向的维度，可以做到不同高度和表面的喷漆。由于空气喷枪对涂料、被喷漆物的适应面广，具有设备成本低、作业性好以及涂膜均匀美观等优点，因此在前期得到广泛使用。

该机构虽然具有上述优点，但同时存在诸多不足。首先，喷漆量无法得到精确控制，对任何表面均是喷漆定量的漆料；其次，这种喷漆方式漆料利用率低（30%~40%），大部分漆料随水转成漆渣，漆料浪费严重且污染环境。

2. 静电喷漆系统

高速旋转式旋杯静电喷漆系统是利用高速的涡轮带动旋杯高速旋转，通过高速把涂料打成雾状喷出，再利用高压静电使涂料吸附在工件上。出于对环境和漆料使用效率的考虑，目前国内汽车厂主要采用静电式喷漆设备。与传统方式相比，静电式喷漆最主要的优点在于：

1）喷漆工作环境明显改善。使用静电喷枪后漆雾附着率增加，车间内飞散的漆雾明显减少，喷漆操作环境得到明显改善。

2）涂料利用率升高，喷漆成本下降。在对某工厂进行的车辆喷漆生产过程中，研究人员对10辆车使用静电喷枪前、后漆料消耗的情况进行了检查，采用静电空气枪喷漆后，涂料消耗量相对下降了24.12%，节约了大量成本。

3）静电喷漆后漆膜外观质量明显改善。

① 厚度提高且均匀：在操作方法基本相同的条件下，由于静电吸附作用，空气静电喷漆漆料膜厚度略高于空气喷漆（3~5mm），且由于环抱效果，对工件转角、凹陷等部位易于上漆，漆膜更加均匀，不易造成漏喷。

② 良好的流平性：由于湿膜表面平整、均匀，在适当的黏度、温湿度等条件下，漆膜易于流平，橘皮明显减轻，漆膜更加平整。

③ 鲜映性：由于橘皮等外观缺陷减少，直接提高了漆膜的鲜映性。

④ 光泽：光泽略有改善（约1%），对于内表面、转角等难上漆部位，光泽提高很明显。

4.4.3 喷漆机器人

在目前国内常用的机器人中，使用较多的是日本川崎重工的KAWASAKI川崎机器人，该机器人在北京奔驰和天津丰田等国内大型整车厂内大量采用。川崎重工是日本著名的企业，其机器人事业部门长期从事和汽车工业的合作，其配套的激光、图像等混合加工测试机器人系统属于国际顶级水平。

机器人控制柜如图4-22所示，它是机器人的控制部分，完成信号采集、分析及指令发出等功能，大型功率单元及控制板均放置在控制柜中，并外接机器人示教器和多功能面板，同时，与外围设备（PLC、安全设备等）的连接也是通过电缆连接到控制柜中的。可以将机器人控制柜当作机器人的“大脑”。

机器人本体如图4-23所示，由6轴电动机及手臂组成，其中电动机采用高精度伺服电动机，自带编码器反馈，保证了路径的精度，电动机通过减速机最终作用于手臂，执行各种动作。其第6轴手臂前段可携带各种工具，完成不同功能（喷漆、焊接、搬运等）。机器人本体和控制柜之间通过电缆连接，电缆主要负责传输开关电气信号、电机动力信号及电动机编码器反馈信号等，通过示教器的操作可以发出指令给机器人控制柜，控制柜经过解码后发出指令给机器人本体电动机，执行各种动作。川崎机器人C系列防爆型控制器的系统结构如图4-24所示。

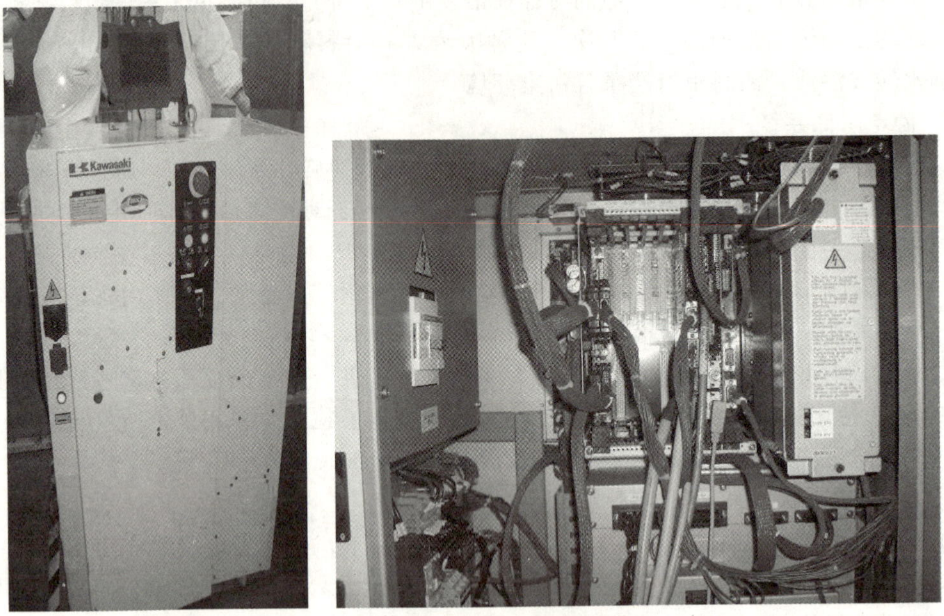

图 4-22　机器人控制柜

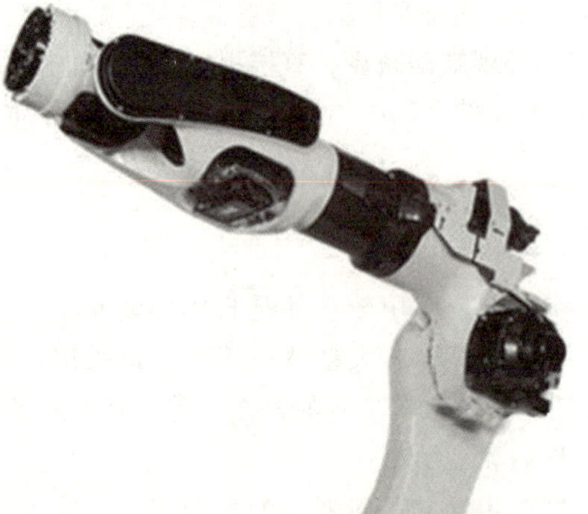

图 4-23　机器人本体

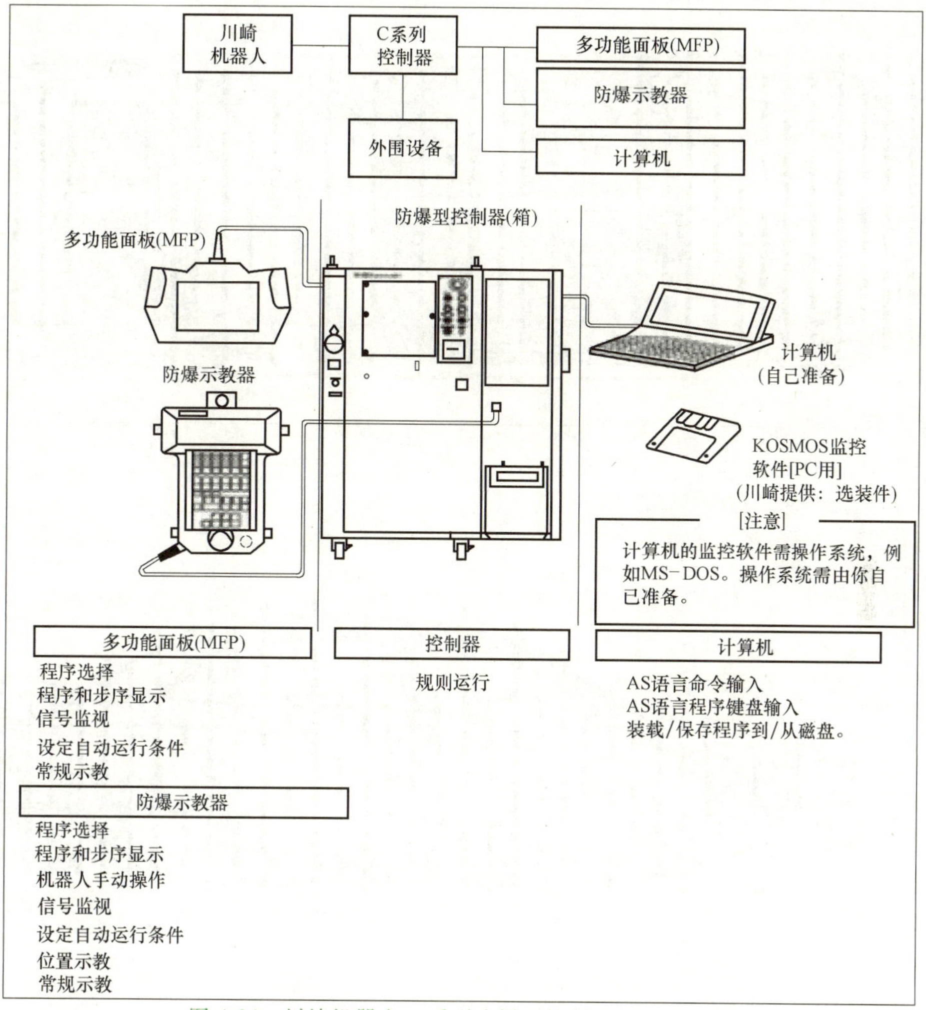

图 4-24　川崎机器人 C 系列防爆型控制器的系统结构

4.4.4　喷漆轨迹

在机器人工作时，需要事先编辑好轨迹路径，只有编辑好轨迹路径，机器人才能正常的工作，这就要求在新车型投产前进行机器人仿形，只有经过大量的轨迹路径的编辑，并且进行模拟实验后，才能得到最好、最准确的仿形程序。

在汽车产品设计过程中，为了体现整车的流线和特性风格，曲面、棱线等设计元素被越来越多地应用到车身上。但复杂的型面极易造成喷漆过程中的膜厚不均匀、流挂等缺陷，这就给机器人喷漆操作带来一定的困难。只有根据车身的特点，设计出最佳的喷漆路线，才能得到均匀的涂层，因此喷漆路线的设计是有效解决这一问题的关键。

在实际操作过程中，应该根据投产车型和生产线的不同特点，选择适宜的喷漆路径和运行方式，然后将车身按照适宜的比例绘制到坐标图中，按照相同的比例在图中标记机器人的行走路线。通过测量标记的路线长度和选择适合的喷漆速度，依靠喷漆室中机器人的排列情况，将车身表面分成若干区域，分别布置给不同的机器人完成，通过各机器人的相互配合实现整个车身的喷漆。某车身设计的自动喷漆路线如图 4-25 所示。

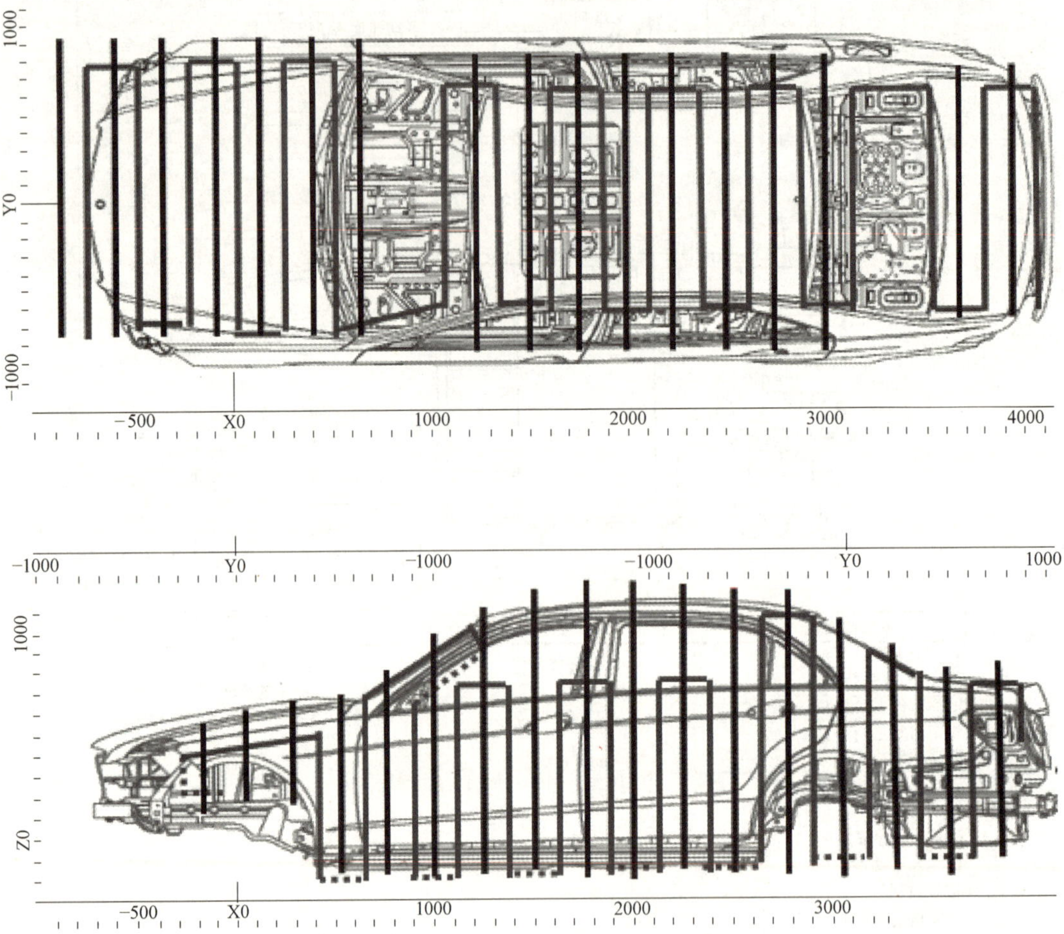

图 4-25　某车身设计的自动喷漆路线

其中侧喷分为 1~12 步，顶喷分为 1~5 步，运行间隔为 200mm。

根据设计的喷漆路线，通过示教机器人的方式进行机器人的仿形。按照确定的枪距在机器人手臂前端安装标尺（200mm），保证在全部示教过程中使用同一标尺。同时，示教车身各部位支具应安装到位。

按照喷漆路径，将示教参数点准确标记在车身上。通常在机器人的喷漆路线上，每间隔 100mm 设计一个参数标记点，在需要平滑过渡的曲面，将标记点间隔缩小到 50mm，保证曲面过渡的平滑和喷具指向随型。同时，在一个单独零件开始和结束的位置必须设定标记点，方便在程序中增加喷漆指令。使用机器人示教器引领机器人按照车身上标记的喷漆轨迹完成喷漆路径。逐一将标记点坐标值储存。每个示教点的坐标值将作为一个指令被保存在程序中，工作状态的机器人将按照顺序依次到达标记点的位置，重复示教的过程。

机器人喷漆需要在移动路径中完成操作，并且涂料传递到车身表面的过程将受到雾化器参数、被涂件外形、与被涂表面的位置关系、喷漆室气流等诸多方面的影响。所以在自动化喷漆程序设定完成后，需要对机器人的喷漆路径经过辅助程序编辑和喷漆参数设置的进一步优化等任务的完成，才能说明整个仿形程序工作得以完成。

4.4.5　维修保养

机器人的维修和保养是一项非常重要的工作。第一，在机器人维护方面，积极总结机器人容易出现的故障和需要的配件，提前准备配件，在发生同样的故障时，及时进行更换，缩短故障维修时间，并且要按照川崎机器人检查与维护手册进行保养和检修，定期查看一些相关的参数，看是否在正常的范围内，如果发现一些数据有突变的情况，要及时检查并排除隐患；第二，在 ITW 喷漆雾化器方面，要增加高速旋转涡轮、雾化杯头的检查和维护频率，使之能够连续进行正常工作，对漆路和气路易松动的接头部位、易折断管路部位加强检查，发现问题及时解决，从而降低故障率；第三，对高压电缆及电缆接头，以及经常对高压发生器进行检查，在接头处涂抹高压静电膏，降低产生电弧的可能性，在机器人手腕处的电缆段，涂抹一些凡士林，以增加润滑，减少电缆的折断频率；第四，在平时生产过程中，在计算机操作软件界面上，会有一些工作的实时参数反馈。通过对这些反馈参数的变化规律，来判断哪些元件需要进行特殊的检查，及早发现问题，提前把问题解决在萌芽状态，使设备故障对生产的影响降低到最低程度。计算机控制界面如图 4-26 所示。川崎机器人保养和检修内容如图 4-27 所示。

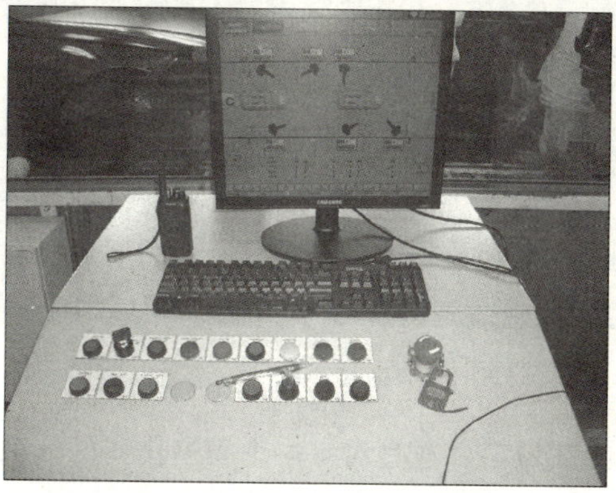

图 4-26　计算机控制界面

保养点检位置

点检时期 点检项目	日常点检	10000时间	20000时间	30000时间	40000时间
①机器人的外观	○	○	○	○	
②线缆、软管点检	○	○	○	○	
③机器人的动作、异声	○	○	○	○	
④机器人的定位精度	○	○	○	○	
⑤齿轮，减速机的润滑油补给		○	○	○	
⑥轴承的润滑油补给		○	○	○	
⑦机内线缆的点检		○	○	○	
⑧各部螺钉紧固		○	○	○	
⑨更换电池				○	
⑩大修					○

图 4-27　川崎机器人保养和检修内容

4.4.6 程序编写

1. 返工仿形程序编写前的使用状况

车身外板喷漆由喷漆机器人完成。在汽车生产实际情况中，由于各种各样的原因（设备、材料等）经常发生喷漆不合格的情况，如果遇到这种情况则需要重新喷漆，但目前新导入车型只有整体喷漆程序，没有局部返工程序，返工车身想要进行重喷则只能进行整体喷漆。也就是说，即使是只返工一个车门或一个机盖等单一部件，也不得不将整个车身全部喷漆一遍，这样造成了油漆的大量浪费，增加了生产成本，也对品质造成了不良的影响。

2. 返工仿形程序编写的过程

想要做到分段喷漆，首先要确定擦净工位 MIS 人机界面所对应的信号代码，即将程序与实际动作一一对应起来。信号代码对应车身区域如图 4-28 所示。

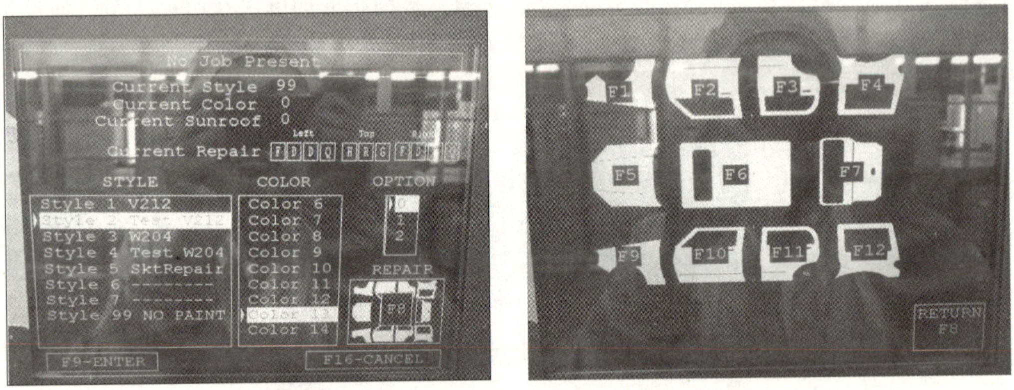

图 4-28 信号代码对应车身区域

确定了信号代码对应的区域后，通过对每一个程序代码的读取，来确定和判断语句与开关喷枪语句插入的位置。确定上述位置信息后，在多功能面板上查找到相应的画面，每次喷涂特定部位时选择相应的程序条进行喷漆即可，避免了无谓的重复喷漆。在查找程序的过程中，有时候要因为一个点反复修改来确定插入位置，并通过询问工程师确定正确的位置，保证无漏喷与过喷。通过认真细致的编写，并反复试验查找不足，最终完成新车型的返工程序。

3. 使用效果

目前返工程序已投入使用，效果良好。在可以保证返工车身膜厚要求的情况下，还节省了大量油漆，平时喷一辆车身（色浆+清漆）需要 6L，使用返工程序后，只需返工一个翼子板，最少使用漆量只有 300mL 左右，节省了 5L 多油漆。只喷漆返工部件可以减少返工车内打磨灰、漆片、脏渣等杂物掉落在返工部件的机会，这样就降低了再次返工的机会，从而降低成本。减少漆雾附着于机器人罩衣以及喷漆室内各种设备上，提高了洁净度也降低了返工机会，从而降低了成本。返工车身遮蔽处不再喷漆，这样可方便遮蔽的去除，提高去遮蔽速度，减少停线，提高生产效率。

项目5

总装线

总装车间轿车生产线主要包括内饰线、底盘线、调试线和完成线，其中内饰线、底盘线和完成线组成汽车装配输送线。在内饰线与底盘线的上部空间，安装有EMS车身输送系统，用以吊装内饰线车身输送至底盘线的合装台，完成汽车车身与底盘的合装和合装后的车辆输送。将装配完整的车辆下线，进入调试线完成车辆的调试、检测，合格的车辆最终进入完成线，完成最终的检验。

5.1 装配

1. 分类

在机械制造中，一般将装配分为小装配和大装配。小装配主要指零部件的装配，而大装配主要指汽车制造业的四大工艺。

(1) 小装配　常用的装配方法有螺纹联接法、粘接法、充注法等。

1) 螺纹联接法。螺钉、螺栓联接是机械装配的基本方法，约占汽车装配作业工作量的31%，个别部位的螺纹联接采用手动扳手，较普遍的是采用气动工具、电池工具或者电动工具等。

2) 粘接法。需要粘接的零部件和内饰件一般有衬垫、隔声材料、车门内装饰板。外饰件一般有风窗玻璃、车标等。小件一般直接在车身上涂粘接剂，而大件需要在零件上直接涂粘接剂。所用设备由高压气泵、储胶罐、胶管和胶嘴/胶枪组成。

3) 充注法。此法指装配时注入发动机机油、变速器齿轮油、散热器冷却液、制动液、转向助力液、风挡洗涤液、空调制冷剂以及燃油等各种液体的方法。

(2) 大装配　大装配对象主要包括传动系统、发动机、车身、制动系统、转向系统、非驱动桥、驱动桥及车架。

2. 工艺

汽车主要的总成包括：发动机、变速器、离合器、前桥、后桥、悬架系统、车架以及驾驶室等，在如今的汽车主机厂内，这些总成往往预先在相对独立的专业区域、车间或供应商处生产，再通过物流配送运至总装车间的生产线边，并完成最终的装配。据统计，一辆轿车所装配的零件、模块及总成约3000件，而针对这些零件所编制的装配说明则会有4000~5000条。由此可见，汽车总装是一项系统性很强的复杂工作。

工艺过程就是生产对象在质和量的状态以及外观发生变化的那部分生产过程，而使之完成工艺过程的手段、方法、条件统称为工艺。

汽车总装就是使生产对象在数量、外观发生变化的工艺过程。数量的变化表现为在装配过程中，零部件、总成的数量在不断增加并相互有序地结合起来。外观的变化表现为零件、总成之间有序结合后具有一定的相互位置关系，外形不断变化，最后成为一辆汽车。所以，汽车总装配就是使汽车各零部件和总成具有一定的相互位置关系并形成整车的工艺过程。研究和确定汽车由零部件、总成形成整车的过程中所需的方法、手段、条件，并编制为文件的工作就是汽车总装的工艺设计。

3. 试装工艺

为提高对整车构造的了解，增加感性认识，并及时提出产品改进意见，从而提高整车的装配工艺合理性，在产品投产前，往往要经过为期 3 个月到半年甚至 1 年的试制及试装。

试制阶段通常发生在产品研发期内。产品研发已基本成熟，为验证产品设计的合理性，需要进行整车试制。试制通常在保密性高的试制车间内完成。车间内通常没有流水线，整车的装配会打散到几个工位内完成。

试装阶段通常发生在投产前的 3~6 个月。在此期间，产品设计验证已经完成，但装配工艺的合理性及零件质量状态仍需要验证。试装过程通常在总装车间内进行，并且试装期间涉及的工作均应按正常生产的要求进行。

根据不同的验证目的，试装通常分为不同的阶段，主要阶段有：工程验证（Engineering testing，ET）和产品验证（Production testing，PT）。在 ET 阶段，主要完成车间内主要生产设备（如生产线、生产设备软硬件调试）运行可靠性及稳定性的验证；而在 PT 阶段，主要验证工装、工具的可靠性及稳定性，工艺及线边物流规划编排合理性，零件放行状态等方面的内容。由于 PT 与 SOP（Start of Project）紧密相接，是投产前的最后验证环节，所以验证内容广泛。因此，PT 阶段的验证工作通常分为 2~3 个阶段完成，所需的试装车数也逐渐增多，通过试装实现投产前产量爬坡的目的。

在试装阶段，需要准备的工艺文件有试装装配工艺、装车用的材料清单（Bill of Material，BOM）、线边平面图、工位检查单、问题记录单等。

除新产品投产前要经历试装过程外，产品换型或零件放行同样都需要通过线上试装环节，只有在试装结果得到放行后，才能应用于正式生产。由此可见，试装工艺是总装工艺过程的重要环节。

4. 生产线模型

车身进入总装后，将完成内饰、底盘、最终装配、整车测试等环节的装配工作。总装车间生产线布局模型如图 5-1 所示。

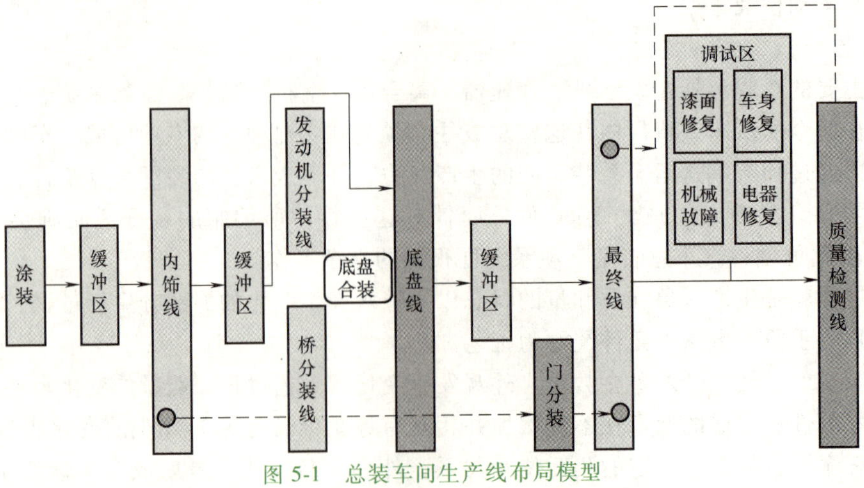

图 5-1 总装车间生产线布局模型

5.2　生产体系

1. 拉动式生产

设想一下，如果家里订购牛奶后，不管你前一天的牛奶是否喝完，牛奶公司都会每天定点把你订购的牛奶送来。如果你因出差而没有及时退订牛奶，那在你出差回来后就会发现奶箱或者家门口堆满了牛奶。这就是传统的“推式（push）”模式，即产品与服务往往被“推”给下一级的客户，而不管你是否立即使用它们。此种方式的一大弊端就是会极大占用你的库存资源。

再设想一下，如果奶制品公司在你订购牛奶后，又附赠给你一台无线设备，上面有你需要的奶制品按键。当你喝掉一瓶牛奶后，你可以按下次日需要的奶制品按键，可以是牛奶，也可以是酸奶。也可以是豆浆，还可以是可可奶。总之，该奶制品公司的所有产品目录都在该设备上，只要你按下对应的键，第二天他们就会送上与前一日消耗数量相当的你需要的产品。当然，如果你没有按键，奶制品公司则认为你前日的产品尚未食用，所以次日不会再给你送新的产品来。这便是“拉式（pull）”制度，即你只会在需要时收到货物。

许多公司及公司内部的服务部门根据自己内部的工作时间来运作，只求自己便利，于是，他们根据自己的时间表或计划来生产或提供服务，之后再把产品“推”给顾客，顾客只能收下后堆放为存货。因此，制造型企业应根据顾客实时需求的“拉式”存货制度，以取代预测顾客需求的“推式”制度。在拉动式生产模式中，“拉式”是指“准时化生产”的理想状态，即只有在顾客（也包括生产流程中下一步骤的内部顾客）提出需求时，才提供其所需数量和规格的产品。单纯的拉式形态表现为“一个流”模式，这是最精益的生产方式，百分之百根据顾客需求来生产，达到零库存。但是，从原材料到递送最终产品给顾客的流程中，不可避免地会出现中断情况。因此，作为制造企业，必须要有一定量的库存，这就是常说的“安全库存”。

安全库存并不是根据时间表来把材料“推”成缓冲存货，而是要看顾客正在使用什么，在顾客还没用完之前，进行补货。企业应该建立起依靠拉式制度来补货的“货栈”模式。为保证拉式模式的运行，通常要依靠看板制度。

例如，汽车制造厂从经销商处得到顾客订单后，先由生产计划部门制订均衡的生产计划，如制造一辆白色的 A 型号汽车，直接制造一辆红色 A 型号汽车，接着是一辆黑色的 B 型号汽车……依次类推，每一辆车都有其整套规格配置。生产计划部门将这份计划下发到车身部门后，该部门把冲压成形的板材装焊成所需型号的白车身——车壳。但冲压车间的效率明显高于装焊车间（如冲压一块板材可能只需 1s，但装焊一块板材可能需要 100s），因此，就无法将这两个作业结合为“一个流”。为解决这个问题，就需要装焊车间在消耗一定数量的板材后，发送一份看板给冲压车间，通知冲压车间再制造一批板材，送到补货货栈。

同理，在总装车间生产线上的装配人员消耗一定数量的生产线边的零件后（如仪表总成、风窗玻璃或者内饰板等），此数量通常为线边物料数量的一半，便需要将料架上此零件的信息牌通过料架边的滑轨送至料架另一侧，以便物流人员定期巡视时及时看到返回的零件信息牌。之后，物流人员会返回物流缓冲区，取出零件，送到生产线边。同时，在缓冲区内的物流人员则负责将消耗的零件信息及时反馈给供应商，以便供应商及时组织生产，并准时给主机厂的物流缓冲区补货。这便启动了向零部件供应商下订单的流程。

对于一家普通的轿车制造企业，有数千种零件在制造流程中传递，很难找到哪个计算机系统能够有规律、协调地维持如此复杂的零部件流动，而看板就能够实现此工作。看板是拉动式生产非常行之有效的工具，必须建立一个懂得寻找方法、减少使用的看板制度以降低库存，且最终解除缓冲存货。这也是精益生产的精髓所在。

2. 精益化生产

精益化生产（Lean Production，LP）是西方学者在丰田生产模式（Toyota Production System，TPS）基础上，将其理念、思想及技术体系加以概括而提出的风靡世界的生产模式。所以，欲谈精益生产，需要先从 TPS 谈起。TPS 的成功已被概括为 14 项基本原则。

（1）长期理念　管理决策以长期理念为基础，即使因此牺牲短期财务目标也在所不惜。

（2）正确的流程才能产生优异成果

1）建立无间断的操作流程以使问题浮现。

2）实施拉动式生产制度以避免生产过剩。

3）使工作负荷水准稳定（生产均衡化）。

4）建立立即暂停以解决问题、从一开始就重视品质管理的文化。

5）工作的标准化是持续改进与授权员工的基础。

6）运用视觉管理使问题无处隐藏。

7）使用可靠的、已经过充分测试的技术以协助员工及生产流程。

（3）发展员工与事业伙伴，为组织创造价值

1）把彻底了解且拥护公司理念的员工培养成为领导者，使他们能教导其他员工。

2）培养与发展信奉公司理念的杰出人才与团队。

3）重视事业伙伴与供货商网络，激励并助其改进。

（4）持续解决根本问题是企业不断学习的驱动力

1）亲临现场查看以彻底了解情况。

2）不急于做出决策，以共识为基础，彻底考虑所有可能的选择，并快速执行决策。

3）通过不断省思与持续改进以变成一个学习型组织。

5.3　物流体系

1. 路线设计

物流就是物品（信息）在时间和空间的移动。在企业里，存在着各种各样的物品移动，就生产组织而言，最重要的是加工对象在生产过程中的物流。

物流贯穿于生产过程的始终，物流组织得是否合理，在一定程度上决定着生产周期的长短和资金周转的快慢。建立良好的物流关系系统是组织准时生产的重要组成部分。

对物流合理化的要求有：

1）物流的运输距离要尽可能短，做到道路畅通，避免倒流；物料搬运环节要尽可能少，做到直送工位，不设不必要的中间仓库和中转环节；在一条生产线上要尽可能取消上下工序间不必要的运输小车，采用滑道、滚道等方式替代。

2）物流要标准化，尽可能地采取移动式装配流水作业方式、“一个流”作业方式、多批次小批量作业方式，以减少在制品的运输量。实行看板送货，不产生过剩、积压，没有停

滞、等待，实现各零部件生产线与总装配线同步生产。

3）合理配置起重运输工具，包括各种运载车辆、起重设备、人力运输小车、重力斜面输送装置、动力输送机械等，实现运输、装卸机械化，做到零件不落地，尽可能减少人力搬运，消除笨重体力劳动和无效劳动。

4）物品的包装、装卸存放都要有合适的容器和良好的环境，使物品在物流过程中能够保持原有的技术状态，做到不丢失、不损坏、不堆积拥挤、过目知数。

2. 基本原则

（1）产品责任

1）德国规定的产品责任。产品责任指由于产品缺陷导致人身伤害和财产损失，生产商应承担的责任（“缺陷引起的相应的损失”）。在德国有以下法律依据：产品责任法、与保护行为有关的德国民法典第 823 部分，譬如，可同时使用的产品安全法。

2）欧洲共同体（简称欧共体）。欧洲共同体发布指令（需对不合格产品承担责任）后，产品责任法得到广泛应用。欧共体发布指令是为了统一法律规定，使所有欧共体国家都能遵循这一规定。需要指出的是，欧共体指令并不直接适用于个人之间以及生产商和受害方之间。通常在这种情况下，各国家自己的法律起决定作用，因此各国之间的产品责任有差别。但基本上欧盟的产品责任要求和产品责任与德国大部分是相同的。

3）美国。美国的产品责任法与德国的相似，涵盖了传统的过错责任，包括疏忽责任、违反法定责任、按合同约定的保修义务以及较新的严格的刑事责任和侵权赔偿责任。

（2）产品安全

1）德国。德国新的产品安全法于 2011 年生效，是对现行的产品责任法的补充。产品安全法明确规定只有安全的产品才能进入市场。另外，若产品不安全，该法律也授权相关部门（如联邦机动车管理局）采取适宜的预防措施。如果出现这种情况，联邦机动车管理局会禁止交付车辆、召回车辆、针对产品对厂家提出警告或提醒顾客注意。

2）欧共体。2002 年 1 月 15 产品安全指令（92/59/EEC of 06-29-1992）修正案在欧共体正式生效。欧共体各成员国必须在 2004 年 1 月 15 日之前将其转变为国家法，要做出一些必要的改变和延伸，包括生产商必须保证进入市场的产品的安全性，以及告知消费者和当局如何安全操作这些产品，明确经销商和独立服务商的职责。遍及欧洲的网络已建立起来，旨在促进信息交流，对召回措施也做出了明确的法律规定。

3）美国。美国国会通过了加强运输设备召回、责任确定和文件记录（TREAD）法案，这是美国新通过的产品安全法。依据这项法律，美国市场上产品的生产商应遵循特定的程序，这些程序要求尤其适用于汽车及其零部件的生产商。

当出现有缺陷或危险的产品时，生产商应按照国家公路交通安全管理局安全标准和程序采取相应的措施，应明确制订实施安全召回及其他安全行动所采取的措施，并与国家公路交通安全管理局进行适当的协调。

5.4 电气控制单轨系统

5.4.1 系统组成

电气控制单轨系统（Electrical Monorail System，EMS）。狭义上指电动的单轨运输系统，即抱具系统；广义上可以把与抱具配合的所有机构和辅助设备都涵盖到EMS中去，组成一个统一的生产传输系统。EMS在汽车制造、物流等行业都有广泛的应用。此处所指的EMS也包含了内饰线、完成线等辅助系统，所以可以定义为广义的EMS。

总装车间的EMS主要由5个分系统组成，分别是内饰线1、底盘线1、内饰线2、底盘线2和完成线。其中，底盘线1和底盘线2以及两条内饰线的20工位有电动单轨系统EHB抱具配合作业。

EMS用于输送车身，从内饰线到底盘线，再进一步送到调试和成品完成线。EMS有两条一样的平行重负载EHB系统（电子液压制动系统），带有伸缩—升降—悬挂吊架（EHB抱具），两个系统都通过共同的维修线段连接。

EMS的布局范围相当广，而在此系统中的安全控制就成为系统中十分重要的一环。针对EMS的安全控制，系统中设置了5个不同的急停控制区域，用于在出现险情、故障时及时停止设备的工作。

1. 技术数据

输送货物EHB抱具规格如图5-2所示。

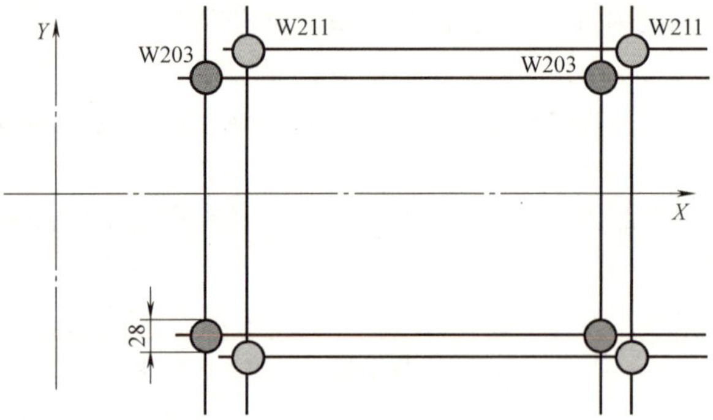

图5-2 输送货物EHB抱具规格

相关参数：

输送速度：1~24m/min，变频调速。

升降速度：1~6m/min，变频调速。

升降行程：3800mm。

节拍时间：19.2min。

节拍长度：6m。

最高可用负载：2500kg。

2. EHB车辆

EHB车辆由行走装置，伸缩、导航、升降装置和带有夹具的悬挂吊架组成，如图5-3和图5-4所示。悬挂吊架可以被随行的电动驱动器打开和关闭。可以装夹两种型号的车身，装夹具是不同的并用相应的颜色标记。一个悬挂吊架可以配置一种或其他类型的夹具。悬挂吊架臂可以安装两种夹具类型。

3. 生产流程

车身由内饰线在输送单元上以节拍步进运行方式输送。在交接站为了装夹车身，将悬挂吊架打开，并由工人通过按键操作而下降。在下方位置将悬挂吊架关闭并升起。此时的车身

图 5-3　EHB 车辆

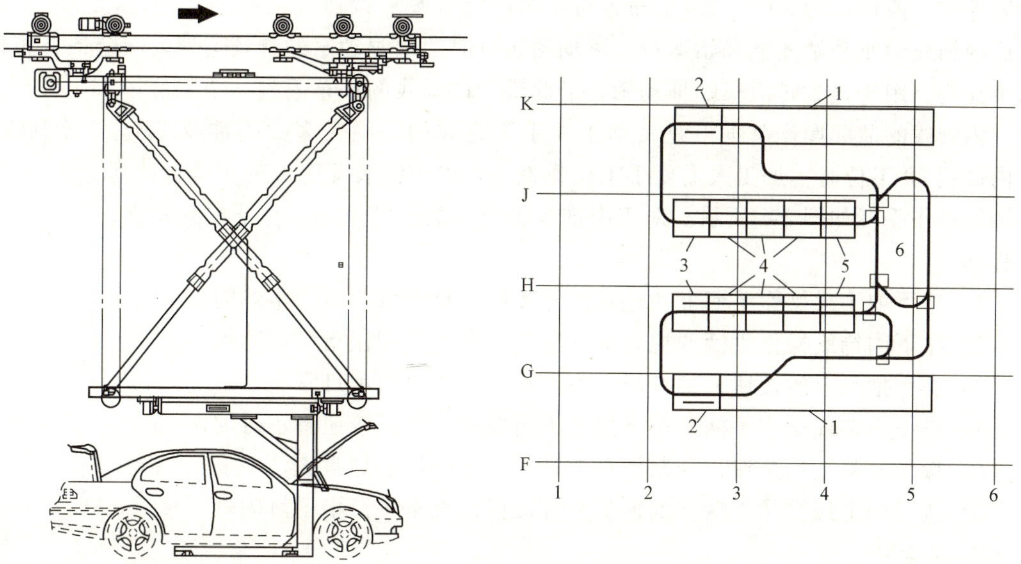

图 5-4　EHB 车辆组成视图

前部通过夹具销固定在孔中，在后部通过支板被装夹。

通过上升运动将车身从加工线上取出，并上升到下防护水平。在升降运动时，为了避免侧向运动，车辆的上框架通过平衡导轨进行稳定。接着在上位，车辆通过两段水平曲线段行进到总装站，在加工线不动作节拍期间，进行传送。

然后将车身再次下降，以便交接给车辆的底盘。底盘由一个地面系统进行输送并提升进车身。所有的作业都在停止的 EHB 车辆中进行。接着通过地面系统的空行程单元完成下降动作。

如果下一站空闲，EHB 车辆将离开总装站，并行进到下一个工位暂停。在此站，工人可以借助按键控制，个性化地调整合适的工作高度。在最后一个工位安装车轮。结束作业之后，工人将汽车尽量下降，使车轮落地，此时的车身已经完全脱离夹具。然后将悬挂吊架打开，并向上行进。汽车将由工人开到第一个检测站。带有驶入的升降机构的 EHB 车辆将返回到各加工线的交接站。

在回程中间将经过自动诊断站。当发现功能故障时，车辆将自动出闸进入一个修理环形线。车辆将停在修理环形线上，并可以在维修平台上检测、查找故障和修理。如果有必要，可以通过一个维修升降机将车辆放在车间地面上，并从系统中取出。通过维修升降机可以将车辆再次放回到系统。

5.4.2 工作原理

1. 内饰线

内饰线负责完成车身内饰的装配工作。内饰线共有 20 个工位，完成喷漆工艺的车身在 0 工位由两柱举升器装载到内饰线使用的转运小车上，开始进行内饰线的装配流程。装配时，每个工位会有一个装载车身的转运车，转运车之间由机械结构相连接，以使内饰线驱动站运行时可以拖动所有转运车依次前进。内饰线的驱动站设置在内饰线的 20 工位，为地下安装模式。内饰线的 20 个工位上布置有 7 个内饰线释放按钮，只有在 7 个按钮全部被确认之后内饰线的驱动站才能开始运行。驱动站运行时带动驱动站的链条运动。在链条上布置有两个挂钩，用于挂载转运车的拖动销，借此带动内饰线的小车前进一个工位。

内饰线的装配操作基本上是由加工人手工完成的，绝大多数不涉及 EMS 的控制程序。在内饰线 20 工位时，加工人需要手工操作抱具将内饰线装配完成的车身转挂到抱具小车上。内饰线操作手柄如图 5-5 所示。对于内饰线操作手柄的操作有一些基本的要求，其具体操作流程如下：

1）按下内饰线操作手柄上的抱具张开按钮，直至该按钮指示灯闪烁。

2）按下内饰线操作手柄的抱具下降按钮，直至该按钮指示灯闪烁。

3）操作抱具上的按钮，继续降下抱具小车至按钮指示灯常亮。

4）操作内饰线操作手柄，按下抱具关闭按钮，直至按钮指示灯闪烁。

5）操作抱具上的按钮，控制抱具上升直至按钮指示灯常亮。

6）按下内饰线操作手柄上的抱具上升按钮，直至按钮指示灯闪烁。

2. 底盘线

底盘线负责完成底盘与车身的合装和车身前、后包围的装配，以及车身设备的加注工作。整个机械线的车身转运工作全部由电动单轨抱具完成，控制系统负责控制抱具小车在指定的位置停止，并监控抱具小车的运行状态。

底盘线共有两个释放按钮，分别位于 21 工位和 25 工位。当两个按钮全部被确认之后，底盘线抱具小车开始向前运动，直至到达下一个装配工位。

图 5-5 内饰线操作手柄

车身和底盘的装配工作在合装台完成。合装台有左、右两个装配工位，两个装配工位完全相同。在一个节拍中，一个工作台负责将该装配台上的底盘与抱具上的车身相结合并固定；另一个装配台则组装底盘的各个部件，完成底盘的最终装配。当一个节拍完成后，两个合装台会横向移动以改变装配台的位置，依次更换两个装配台的工作内容。

在底盘线的 25 工位设置了操作按钮，用于将车身从抱具上卸下，其具体操作流程如下：

1）按下机械线操作手柄上的抱具下降按钮，直至该按钮指示灯闪烁。

2）操作抱具上的按钮，继续降下抱具小车直至按钮指示灯常亮。

3）按下机械线操作手柄上的抱具张开按钮，直至该按钮指示灯闪烁。

4）操作抱具上的按钮，控制抱具上升直至该按钮指示灯常亮。

5）按下机械线操作手柄上的抱具上升按钮，直至该按钮指示灯闪烁。

6）按下机械线操作手柄上的抱具关闭按钮，直至该按钮指示灯闪烁。

3. 完成线

完成线是总装车间最终装配和成车考核的流水线。该生产线上有 10 个工位，首尾两端各设置了一个释放按钮，采用单边板链的转运方式进行工位之间的转运。板链的驱动站也是地下安装，电动机运转时带动齿轮码盘运转，通过对检测码盘齿数的接近开关进行计录控制板链的运行距离，使其每次释放所运行的距离都为一个工位。

4. 控制系统

EMS 硬件配置如图 5-6 所示。PROFIBUS 网络结构如图 5-7 所示。

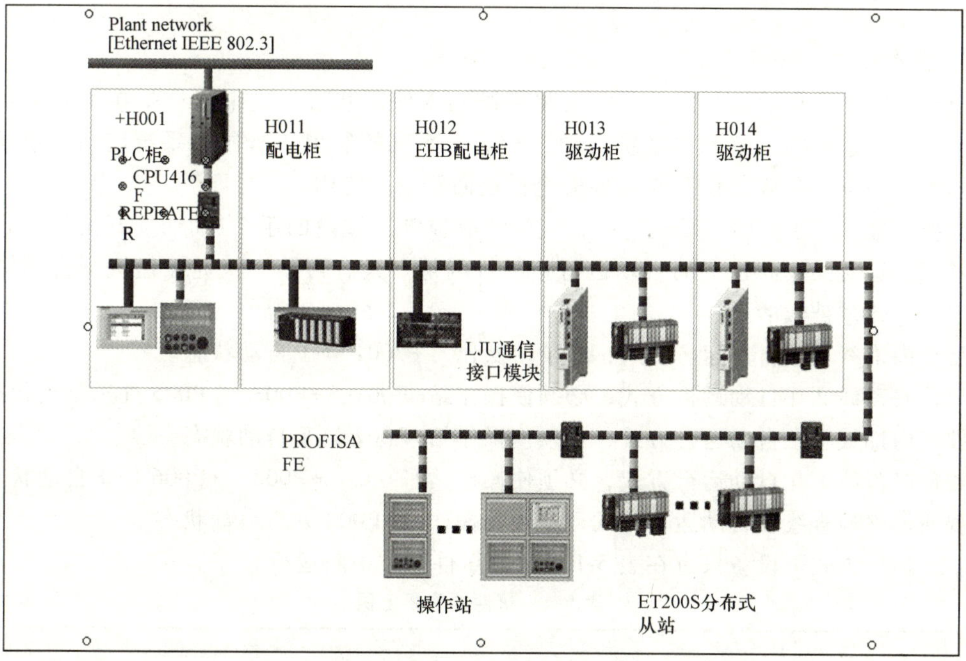

图 5-6 EMS 硬件配置

5.4.3 操作方式

系统提供了自动和手动操作方式，在现场操作面板上有手/自动切换开关。在正常运行过程中，采用自动方式，只有在系统出现故障等非正常情况下，才可以由维修人员使用手动

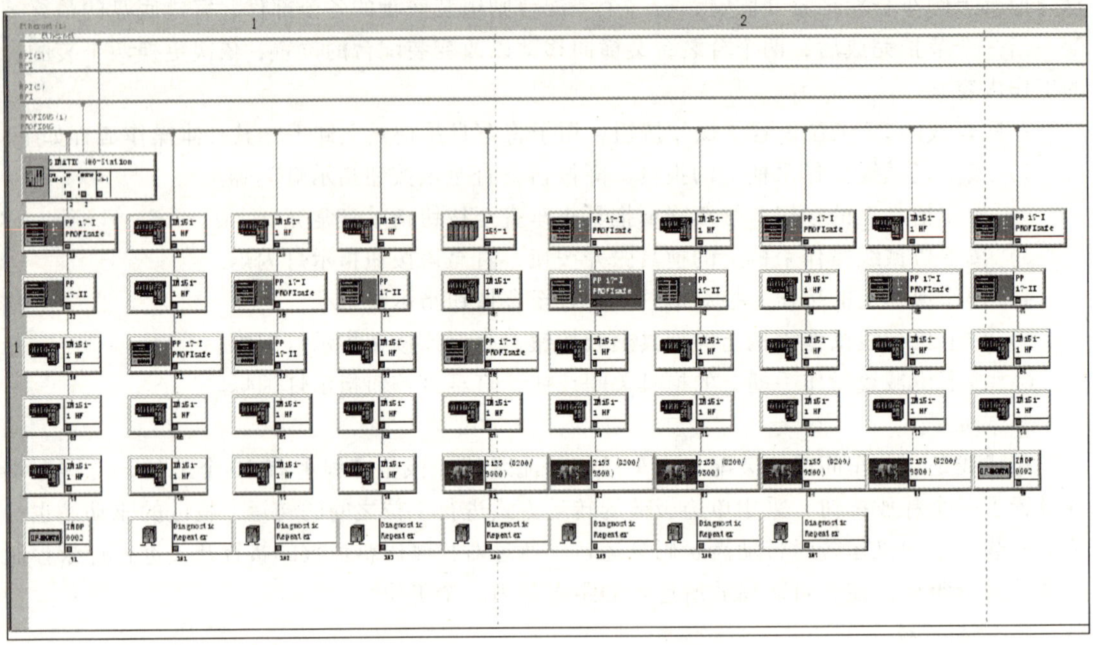

图 5-7　PROFIBUS 网络结构

操作。

1. 自动操作

整个系统进入自动运行之前，需要将系统切入使用状态，这个工作是在维修平台上的 PLC 主控柜上进行的。按下“系统启动”键后，系统控制电压合闸，系统启动。指示灯亮后，需要按一下“故障复位”按钮使安全模块回路投入使用。

需要让某一条生产线自动运行时，应将相应控制区域内的手/自动切换开关切换到自动运行状态，这时操作面板上的自动运行指示灯闪烁。只有再按一次此按钮进行自动操作确认，自动方式才被激活。

要使内饰线 2 在自动运行方式，必须使操作站+P001 处于自动状态。

要使底盘线 2 在自动运行方式，必须使操作站+P001、+P003、+P005 处于自动状态。

要使内饰线 1 在自动运行方式，必须使操作站+P002 处于自动状态。

要使底盘线 1 在自动运行方式，必须使操作站+P002、+P004、+P006 处于自动状态。

要使最终检查线在自动运行方式，必须使操作站+P008 处于自动状态。

自动运行方式下设备只有在表 5-1 列出的事件中才中断运行。

表 5-1　事件的作用范围

事件	作用范围
系统断开	整个系统
紧急停机	急停区域
故障	对应的单个功能组
手动/自动切换开关	各个操作站相应的控制区域

排除中断事件之后，设备立即重新进入自动操作。如果系统在长时间内不进行操作，为

确保安全，建议将系统切入“系统断开”状态。

2. 手动运行

手动运行要通过相应控制区域内的操作站选择开关选择启动。如果需要起动某个设备就需要按对应的功能按钮，可以通过将功能按钮与快速按钮一起控制，使设备快速运动。

操作人员只有在对整个区域一目了然的情况下，才可以在手动运行中起动单轨小车的运动。手动运行只能由受过培训的指定维修人员进行操作。因为在手动操作中机器保护会失去作用，或者仅仅只有部分保护。

3. PP17 操作面板介绍

PP17 操作板上的按钮如图 5-8 所示。安装在操作站上的 PP17 主要用来处理设备运行中的组合操作功能。PP17-Ⅰ装有 16 个 LED 发光按钮，PP17-Ⅱ装有 32 个 LED 发光按钮。

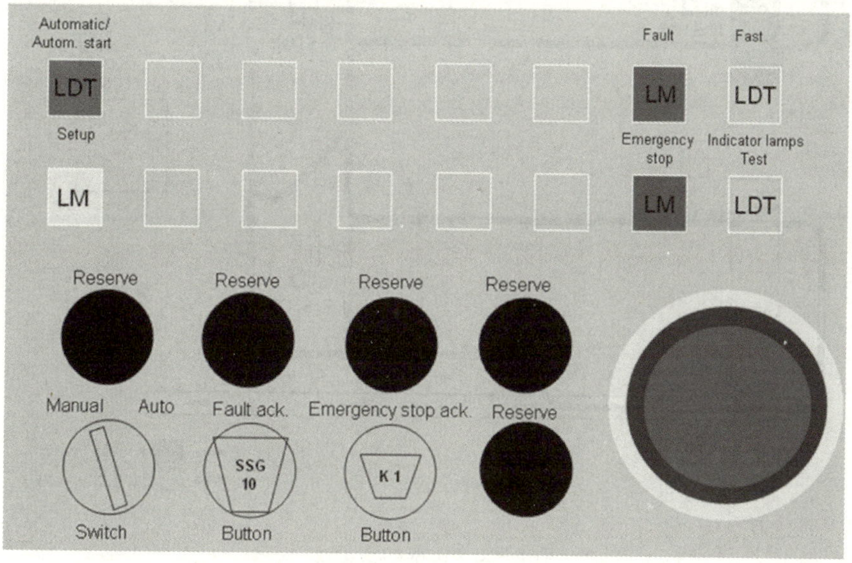

图 5-8 PP17 操作面板上的按钮

PP17 操作面板上的特殊指示灯的功能见表 5-2。

表 5-2 PP17 操作面板上的特殊指示灯的功能

运行方式	显示	指示灯灭	指示灯闪亮	持续发光
手动	黄色	自动运行中	有处于手动状态的其他操作站	操作站处于手动位置
自动	绿色	手/自动选择开关没有切换到自动状态	自动手动开关切换到自动运行状态，但是自动运行方式并没有启动	操作站启动自动运行方式
急停	红色	在整个系统中没有急停警报	操作站控制区域之外有急停警报	操作站控制区域中有急停报警
故障	红色	在整个系统中没有出现故障	操作站控制区域之外有故障警报	操作站控制区域中有故障警报

注意：如果操作台上的灯光不亮，就说明设备已经关闭。

4. 手动操作控制区

系统共有 8 个现场操作站，每个操作站控制不同的区域，即对应不同的功能组。

5. EMS 急停区域

1）内饰线急停区，包括一部分 EMS 输送线，如图 5-9 所示。

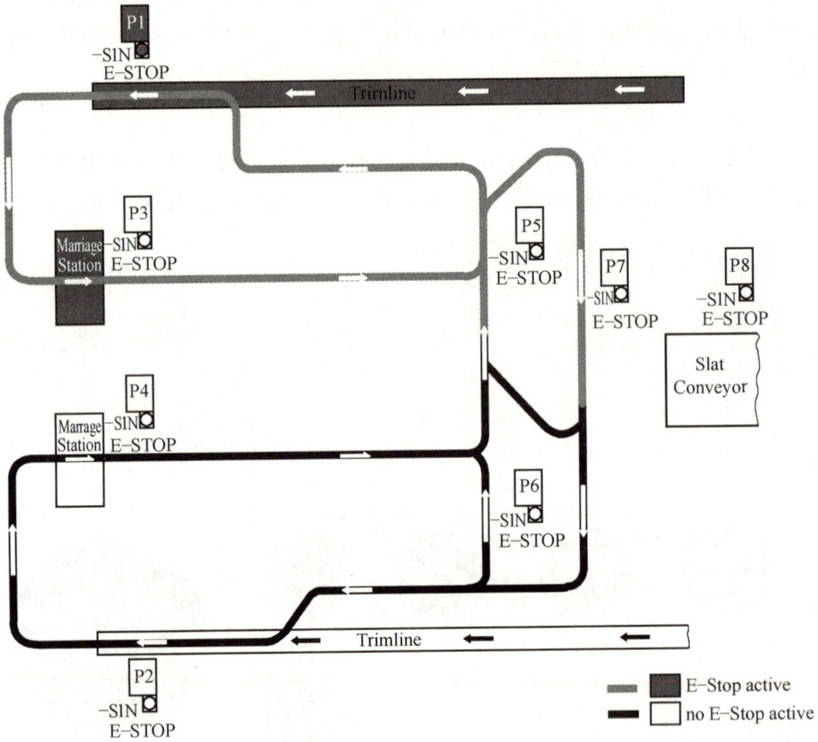

图 5-9　内饰线急停区

2）输送线急停区，如图 5-10 所示。

3）完成线急停区，如图 5-11 所示。

当急停按钮按下去之后，对应的急停区的设备将失去动力电源，只有用急停复位钥匙开关复位后系统才能恢复，而且当系统恢复后，除非有手动操作干预，否则系统将记忆急停之前的状态，并继续将动作执行完。

6. EMS 节拍循环时间

在正常生产时，每条生产线都会有节拍时间到时提示，即当每个工位停留时间达到设置的节拍时间的前一分钟时，会响起节拍报警声音，节拍报警声音会一直持续到生产线的所有释放按钮被激活。释放按钮被激活后，正常的 10s 声光报警会响起，生产线将会继续运行到下一工位。

节拍时间声音提示功能只在生产线自动运行时才会投用，如果生产线对应的操作站被切回手动模式，或者系统有急停开关被按下，节拍计时将暂停。当系统切换回自动或者急停被复位后，系统将会继续计时。当需要正常的工作暂停时间时，例如午餐或中间休息时间，操作人员可以将各生产线的主操作站切换到手动模式，节拍计时就会暂停。

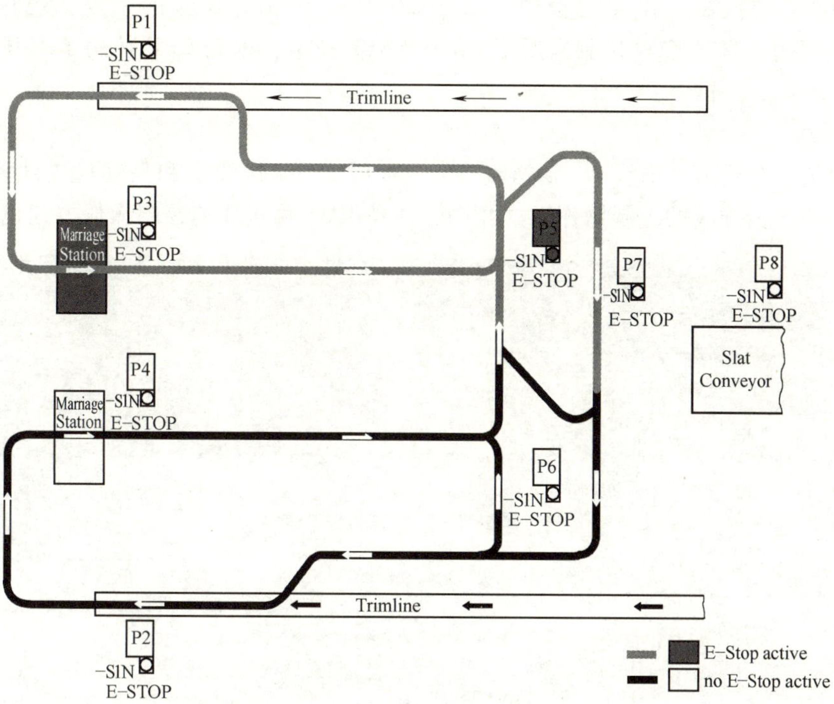

图 5-10　输送线急停区

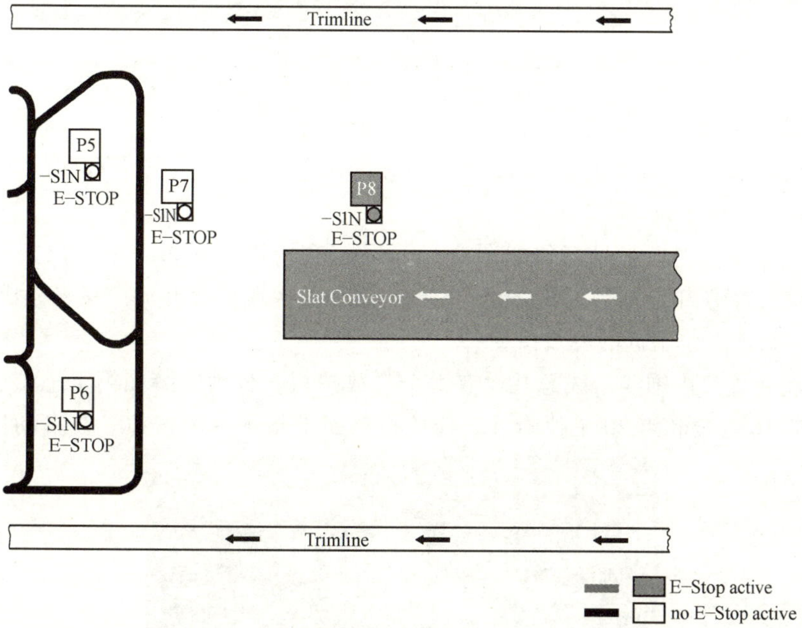

图 5-11　完成线急停区

5.4.4　控制系统

1. 功能介绍

EMS 控制系统采用一个集中控制驱动柜组加信号分布式站的控制形式。主系统采用 SI-

MATICS7-400 系统控制。在控制柜中，由 ET200M 进行状态信号的采集，现场信号通过 ET200S 进行采集。安全急停控制采用了 PROFISAFE 技术，因此 CPU 使用了 CPU-416-2F 安全型 PLC。

2. 输送线

整个输送线系统由内饰线 1、输送线 1、内饰线 2、输送线 2 和最终检查线构成，如图 5-12 所示。两条内饰线的控制操作方式相同，两条 EMS 输送线的控制操作方式也相同。

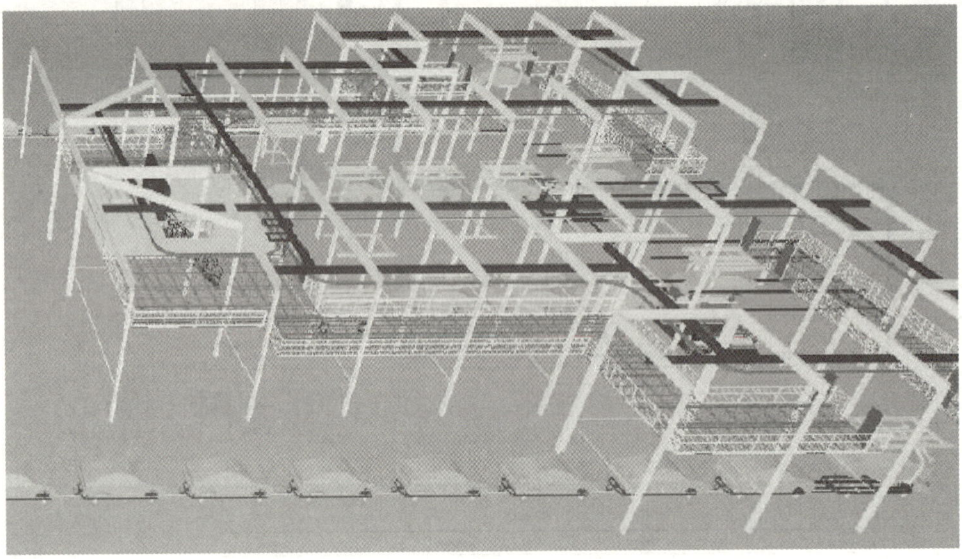

图 5-12　EMS 组成示意图

3. 内饰线

内饰线共有 20 个工位，第 1 工位为上车身工位，第 20 工位为 EMS 输送线取车工位，驱动站位于最后一个工位。

（1）上车身工位　上车身工位如图 5-13 所示。在内饰线的第一个工位安装有举升台，用来将空车身放置到内饰线上。举升台的控制与线体的控制是分开的，在未完成举升台的操作之前不要激活该工位附近的释放按钮。

（2）驱动装置　内饰线沿线总共设有 5 个释放按钮，分别安装在第 1 工位、第 3 工位、第 7 工位、第 16 工位和第 20 工位附近，释放按钮是带指示灯的按钮。在自动操作模式下，

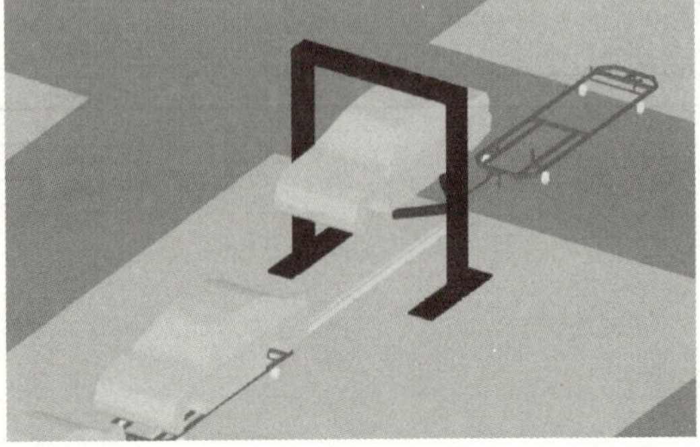

图 5-13　上车身工位

当某个释放按钮附近的工位完成工作后，操作人员按下释放按钮后该指示灯将会闪烁，表明这些工位具备让内饰线移动到下一个工位的条件了。当所有的带灯释放按钮都被激活后，会出现持续 10s 的声光报警作为启动警告，报警完毕后内饰线将自动开始向下一个位置移动。内饰线开始移动后，释放按钮指示灯将被复位，但在移动的过程中，释放按钮不能被再次被激活。

如果在内饰线移动过程中有急停按钮被激活，内饰线的移动马上停止。在恢复急停后，释放按钮需要被再次激活，在报警解除之后内饰线才能重新开始移动。

4. 输送线

EMS 取车工位如图 5-14 所示。EHB 输送小车在内饰线的第 20 工位抓取完成内饰装配的车身。第 20 工位上方的 EMS 输送系统将空吊具自动输送到该工位，同时内饰线上的车体也运行到取车工位并停稳后，由操作人员通过取车工位的操作按钮盒以及 EMS 移动小车上自带的操作盒使吊具下降，抓取车身。

图 5-14 EMS 取车工位

EMS 取车工位的操作按钮盒如图 5-15 所示，EHB 移动小车上自带的操作按钮盒如图 5-16所示。

图 5-15 EMS 取车工位的操作按钮盒

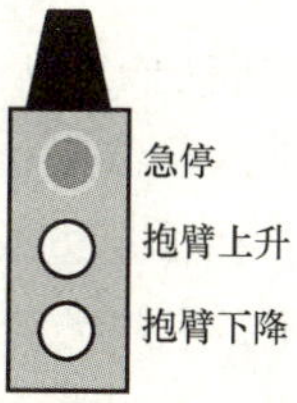

图 5-16 EHB 移动小车上自带的操作按钮盒

当 EHB 移动小车停到位后，要严格按照以下程序进行取车动作：

① 按外部操作按钮盒上的“抱具打开”按钮打开抱具，打开完成后该按钮的指示灯将闪烁，表明打开动作完成。

② 按“抱臂下降”按钮使抱臂下降，EHB 小车上的 LJU 控制有一个显示窗口可以显示下降的高度。当下降到接近 3470mm 时，按钮指示灯开始闪烁，而且小车上操作按钮盒的两个带灯按钮的指示灯同时闪烁，这时需要按下 EHB 移动小车上自带的操作按钮盒上的“抱臂下降”按钮才能使抱臂继续下降。下降到更低高度后，小车上操作按钮盒的两个带灯按钮的指示灯将会变为常亮状态，一直到小车自动停止下降，同时小车上操作按钮盒的“抱臂下降”按钮的指示灯熄灭，表明小车下降动作完成。

③ 按“抱具关闭”按钮关闭抱具，抱具关闭后该按钮的指示将闪烁表明关闭动作完成。

④ 在检查确认抱具的固定销能准确进入车体的固定孔后，就可以按下小车上自带按钮盒的“抱臂上升”按钮使抱臂上升。当小车离开最低位后，“抱臂下降”按钮的指示灯恢复常亮。当两个带灯按钮的指示灯都闪烁时，就可以按下工位操作按钮盒上“抱臂上升”按钮继续使小车上升。升至顶部后，小车自动停止上升，此时显示器应显示高度为 191mm，同时“抱臂上升”指示灯变为闪烁，上升动作完成。

上升动作完成后，在此工位的所有动作都已完成，小车带着车身继续沿 EMS 输送线自动前进。

5. 合装站

合装站示意图如图 5-17 所示。

图 5-17　合装站示意图

在内饰线完成装配工作后的车身在取车工位由 EHB 吊具抓取后，将自动向合装工位方向前进，在小车进入合装工位 EHB 段之前，必须确保合装工位的两个液压举升台在最低位，移动平台也必须停在最左边或最右边。

液压升降台上放置的汽车底盘与 EHB 小车带来的车身进行合装对接，合装工位上有两个液压升降台，当一个升降台在合装时，可以往另一个升降台上吊放底盘部件。在两个升降台的中间有一个操作台，用于操作升降台的上升和下降。

液压升降台位于移动平台上，在自动方式下，移动平台左、右移动的操作按钮安装在合装站旁边吊装的支架上。左、右移动的操作按钮只要按一次就可以，相应的按钮指示灯将会闪烁。当平台移动到位后，指示灯保持常亮。如果在移动过程中想要平台停止移动，可以再按一次反向的按钮，平台移动就会终止。

平台移动的前提是两个液压升降台均处于最低位。

合装过程应按照以下流程操作：

1）车身下降。当带着车身的 EHB 小车停在停止位后，如果两个液压升降台两边的车身固定装置在原位，并且工位完成释放按钮处于未被激活状态下，就可以操作车身下降。升降按钮使车身下降，当下降到合装高度时，操作按钮上的指示灯同时闪烁，表明下降动作完成。

2）底盘上升至中间位。操作两个液压升降台中间的上升操作按钮使升降台上升。只要按一下上升按钮，升降台会自动上升到中间位置停止。上升的过程中，上升按钮指示灯一直处于闪烁状态。当上升到中间位置后，上升和下降按钮指示灯同时保持常亮状态。

3）从中间位置到最高位之间的上升只能点动上升，即按住上升按钮升降台才会上升，松开后，上升就会停止。到最高位后，上升按钮指示灯保持常亮，底盘与车身就会对接好，可以进行合装。合装完成后，可以用下降按钮点动下降到中间位置。

到中间位置后，连续按住下降按钮 3s，升降台就会自动下降到最低位。升降台下降到最低位后，下降按钮指示灯保持常亮。

合装动作完成后，就可以按释放按钮，释放按钮被激活后，指示灯开始闪烁。如果第 5 工位的释放按钮也已经被释放激活，在 10s 的声光报警后，整个底盘线上的小车就会开始按顺序移动到下一个工位。

小车自带相关操作按钮，合装工位的 EHB 小车抱具升降操作按钮如图 5-18 所示，液压动力升降台的操作按钮如图 5-19 所示，移动平台的操作按钮如图 5-20 所示，工位完成释放按钮如图 5-21 所示。

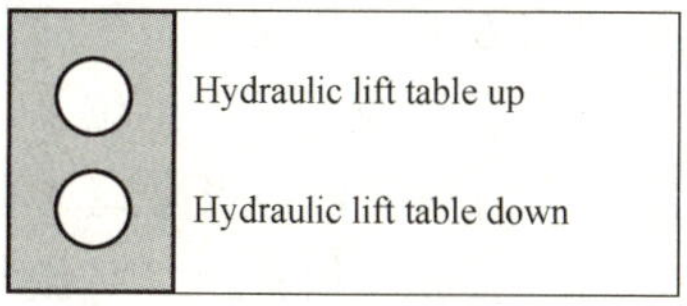

图 5-18　合装工位的 EHB 小车抱具升降操作按钮

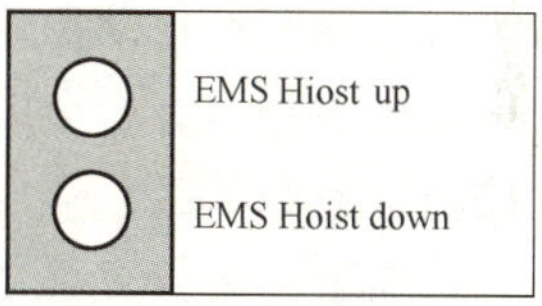

图 5-19　液压动力升降台的操作按钮

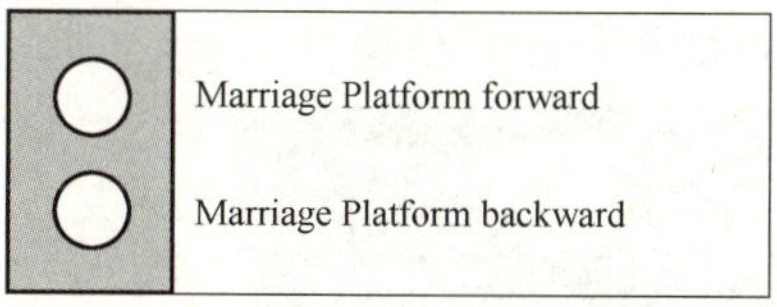

图 5-20　移动平台的操作按钮

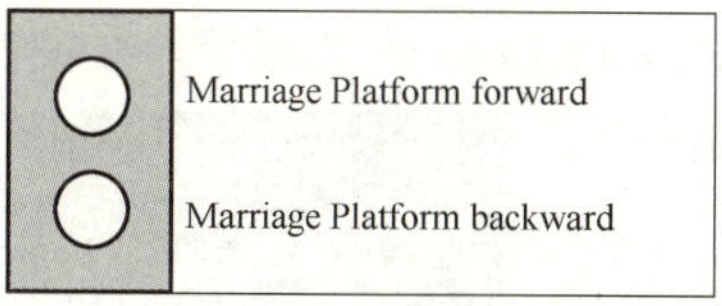

图 5-21　工位完成释放按钮

底盘线总共有 5 个工位，第 1 工位是底盘合装，最后一个工位是放车工位，EHB 小车将组装完成的车放到地上，然后人工开走。

当 EHB 移动小车停到位后，要严格按照以下程序进行放车动作：按外部操作按钮盒上的“抱臂下降”按钮使车身抱具下降，EHB 移动小车上的 LJU 控制器有一个显示窗口可以显示下降的高度，当下降到接近 3470mm 时，按钮指示灯开始闪烁，而且小车自带按钮盒的两个带灯按钮的指示灯同时闪烁，这时需要操作 EHB 小车上自带按钮盒上的“抱臂下降”

按钮使抱臂继续下降。小车上自带按钮盒上的两个带灯按钮的指示灯将会变为常亮状态，一直到小车自动停止下降，同时“抱臂下降”按钮的指示灯熄灭。这时表明小车下降动作完成，在下降的过程中，车身将会着地。

操作按钮盒上的“抱具打开”按钮打开抱具，打开完成后该按钮的指示将闪烁表明打开动作完成。

操作小车自带按钮盒的“抱臂上升”按钮使抱臂上升，当小车离开最低位后“抱臂下降”按钮的指示灯恢复常亮。当两个带灯按钮的指示灯都闪烁时，就可以按下工位操作按钮盒上的“抱臂上升”按钮继续使小车上升。上升至顶部后，小车自动停止上升，此时显示器应显示高度为191mm，同时“抱臂上升”指示灯变为闪烁，上升动作完成。

再按“抱具关闭”按钮关闭抱具。抱具关闭后该按钮的指示将闪烁，表明打开动作完成。

在关闭动作完成后，在此工位的所有动作都已完成，空抱具继续沿EMS输送线自动前进。

所有的动作必须按顺序完成，否则有可能导致EHB小车上的LJU控制器出现错误。

当EHB小车在放车工位放下车身后，抱具就不能再重新关闭。

底盘线EHB小车移动过程中有急停按钮被激活时，小车将暂停移动。在恢复急停后，系统会再次进行10s的声光报警，在报警之后会直接重新开始移动。

6. 最终检查线

最终检查线共有10个工位，第1工位为上车工位，第10工位为成品车下线工位，驱动站也在最后一个工位。最终检查线示意图如图5-22所示。

最终检查线沿线总共设有2个释放按钮，分别安装在第1工位和第10工位附近，释放按钮是带指示灯按钮。在自动操作模式下，当某个释放按钮附近的工位完成工作后，操作人员按下释放按钮后该指示灯将会闪烁，表明这些工位可以允许启动到下一个工位了。当所有的带灯释放按钮都被激活后，会出现持续10s的声光报警作为启动警告，报警完毕后最终检查线将自动开始向下一个位置移动。最终检查线开始移动后，释放按钮指示灯将被复位，但在移动的过程中，释放按钮不能被再次被激活。

如果在最终检查线移动过程中有急停按钮被激活，内饰将暂停移动。在恢复急停后，系统会再次进行10s的声光报警。在报警之后，最终检查线重新开始移动。

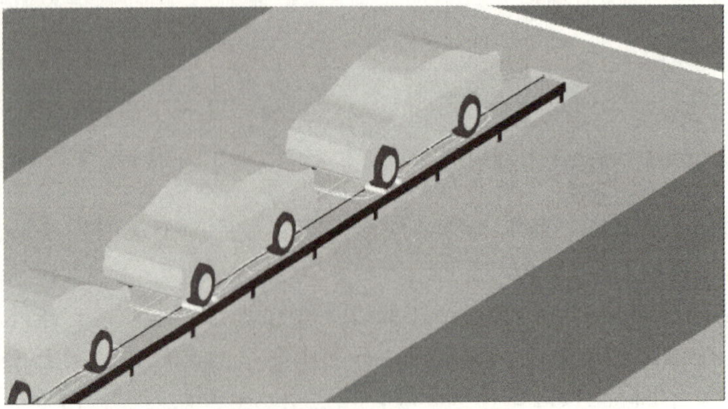

图5-22　最终检查线示意图

当车体进入第6工位之前，需要将充电设备从车体上解除下来，如果没有解除，整条线就会停下来，并出现错误报警，在进行错误复位之后，最终检查线将会继续运行。

在第10工位完成工作后，需要将车开出板链，才能激活释放按钮启动板链的下次移动，否则会报错。

7. EHB维修区

（1）电刷自动检查和PE线自动诊断　在底盘线的最后一个工位有一个电刷自动检查装置和PE线自动诊断装置。电刷自动检查装置用来检测小车的电刷是否处于完好状态，PE线自动诊断装置用于诊断小车的PE接地系统是否完好。当EHB小车到达底盘线的最后一个工位的停止位之前，电刷检查自动完成；当小车到达最后一个工位的停止位后，PE线自动诊断装置也开始诊断。当电刷有故障或者PE诊断出问题后，系统将会报警，连接在最后一个工位后面的道岔将会自动切换到去维修工位方向。EHB小车在完成本工位的工作后将不再自动前进，会停在原位等待维修人员确认。如果维修人员确认EHB小车有故障，必须去维修区进行维修时，可以用钥匙在PE诊断控制箱进行确认，小车就会自动进入维修区。如果维修人员能很快排除故障且认为不需要进维修区，可以将+P005（W204）或+P006（W211）操作站切换到手动模式，并将PE诊断控制箱上的确认钥匙开关保持在确认位置10s，电刷或PE故障将被解除，道岔会自动回到正常运行线上。小车进入维修区后，下一辆EHB小车进入底盘线最后一个工位，如果没有检测到任何故障，道岔将会自动切回到正常运行线的方向。

（2）维修工位　需要维修的EHB小车行进到维修升降机前，将会自动停止。如果维修升降机可以接受小车，维修人员需要在+P007操作站上按“进维修工位”功能键后，小车才自动进入维修工位，完成检修。

（3）维修升降机　维修升降机并不受PLC控制，而是由单独供电的电动机驱动，通过一个操作按钮盒操作上升、下降。在下降之前将升降机稍稍上升5mm左右，然后将升降机的两个定位销手动解除，这样就可以操作升降机下降到维修高度。在维修结束后，升降机带着小车上升到顶部后，应手动释放两边的定位销，使得定位销投入使用。

在操作EHB小车进入或离开维修工位时，必须确认维修工位的EHB轨道对接完好。

5.4.5　控制程序

在EMS庞大的系统程序中，选取比较典型和有代表性的一个功能块进行分析，此功能块就是合装台工位的控制程序FB132。在分析程序前，先介绍一下西门子系统和S7400。

1. 西门子软硬件简介

西门子控制系统组成如图5-23所示。

用相互独立的可编程序控制器（Programmable Logic Controller，PLC）控制机器或过程以解决控制任务。当今为了使企业保持竞争力，仅仅对单个的过程或机器进行自动化是不够的，只有当单个机器都集成到整个系统中，才能达到更灵活和更高生产率的要求。

全集成自动化（TIA）提供了一个集成所有部件的共同的软件环境，各种应用技术的驱动进入一个统一的系统。这使得控制方案所需的各种编程、组态、操作、数据管理、通信和维护的软件都集合到一起。

SIMATIC Step 7管理器在西门子PG或PC上运行，提供集成所有部件的工具，使得控

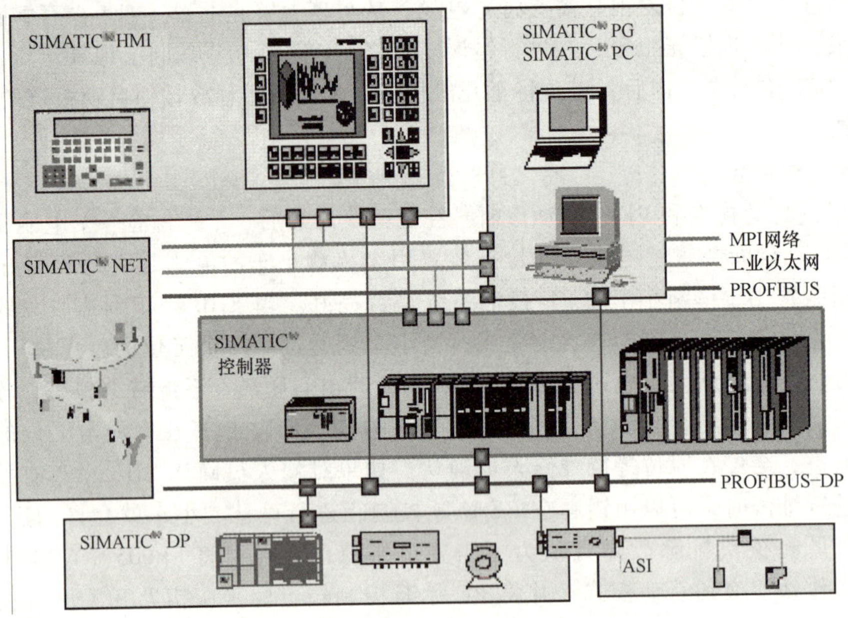

图 5-23 西门子控制系统组成

制方案易于创建、测试、启动、运行和维护。当组态和编程时，西门子软件把所有的数据放进一个所有的工具都可以访问的中央数据库。

中央数据库是全集成自动化的所有部件共同的数据库，意味着数据只需输入一次便在整个项目中有效。

2. S7-400 简介

西门子 S7-400 如图 5-24 所示，其特性是：用于中等到高级性能要求的强大的 PLC，有不同档次的 CPU，可以选择不同的模块，可以扩展多达 300 个模块，背板总线集成在模块内，多点接口（MPI）、PROFIBUS 或工业以太网可以联网，通过中央编程器连接到所有的模块，没有插槽限制，借助于“HWConfig”工具可以进行组态和设置参数，可以进行多处理器计算（在中央机架上可以使用多达 4 个 CPU）。

3. 分布式现场控制

安全急停控制采用了 PROFISAFE 技术，因此 CPU 使用了 CPU-416-2F 安全型 PLC。可用的 DP 从站如图 5-25 所示。

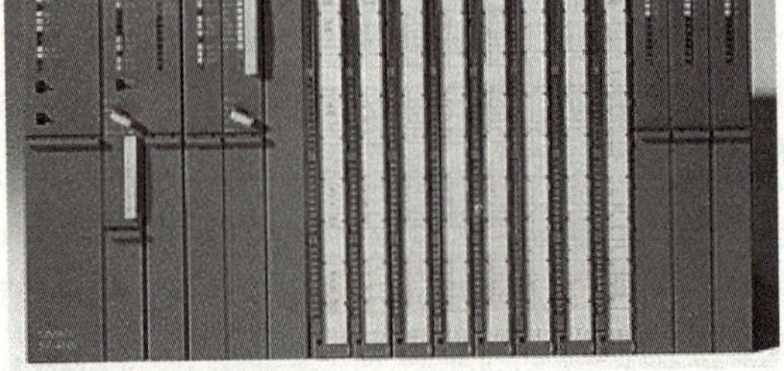

图 5-24 西门子 S7-400

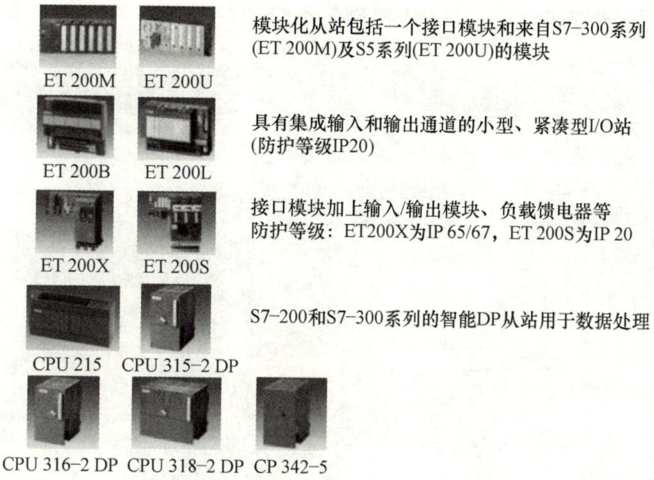

图 5-25 可用的 DP 从站

模块化从站 ET200M 包含一个 IM153-1 接口，该接口连接 ET200M S7/M7-PROFIBUS 主站。所有通过 P 总线寻址的 S7-300 模块都可插入 ET 200M 中。每个 ET200M 的最大地址空间是输入/输出各有 128/128 字节，波特率最大值为 12 Mbaud。

紧凑型从站 ET200L 和 ET200B 都包含一个端子块和一个电子块。

ET200L 和 ET 200B 电子块具有数字和模拟通道。ET 200L 用于需要少量输入和输出的场合且波特率高达 1. 5Mbaud。ET 200B 用于安装深度有限的场合，最高波特率为 12Mbaud。

紧凑型从站 ET 200C 符合高度的保护等级 IP66/IP77，其粗犷型设计面向恶劣的工业应用环境（可用于野外）。其数字输入/输出的最高波特率是 12Mbaud，模拟输入/输出的最高波特率是 1. 5 Mbaud。

模块化从站 ET 200X 是紧凑型 I/O 站，具有高保护等级 IP66/IP77。它包含一个基本模块和数个扩展模块（如输入/输出模块、AS 接口主站、负载馈电模块、气动模块、SITOP 电源）。

模块化从站 ET 200S 是分布式 I/O 站，保护等级为 IP 20。其高度模块化的设计使其 ET 200S 可以迅速完美地适用于任何应用。ET 200S 包含一个 PROFIBUS-DP 接口模块、数字和模拟电子模块、技术功能模块（如计数、位置解码）和负载馈电器。

智能化从站，如 CPU 315-2、CP 342-5 或具有从站功能的 S5-95-PROFIBUS。

从站现场安装情况如图 5-26 所示。

4. PLC 程序

（1）FC104 的应用分析　FC104 功能块的设置如图 5-27 所示。该功能块主要用于驱动电动机同速下正、反转，及两种速度模式下的正、反转。

① 手动模式。Tvor = 1 或 Trueck = 1，电动机运转。

当 Tschnell = 1 时，电动机转速变快（快速模式）。

当 Tschnell = 0 时，电动机转速变慢（慢速模式）。

② 自动模式。Auto_vor = 1 或 Auto_Rueck = 1，电动机运转，但转速较慢并开始计时。

当 Aschell = 1 时，电动机加速并继续计时，一旦关闭 FAUSV/FAUSR 或急停，电动机和计时都停止工作，当恢复 FAUSV/FAUSR 或急停时，运转和计时继续。

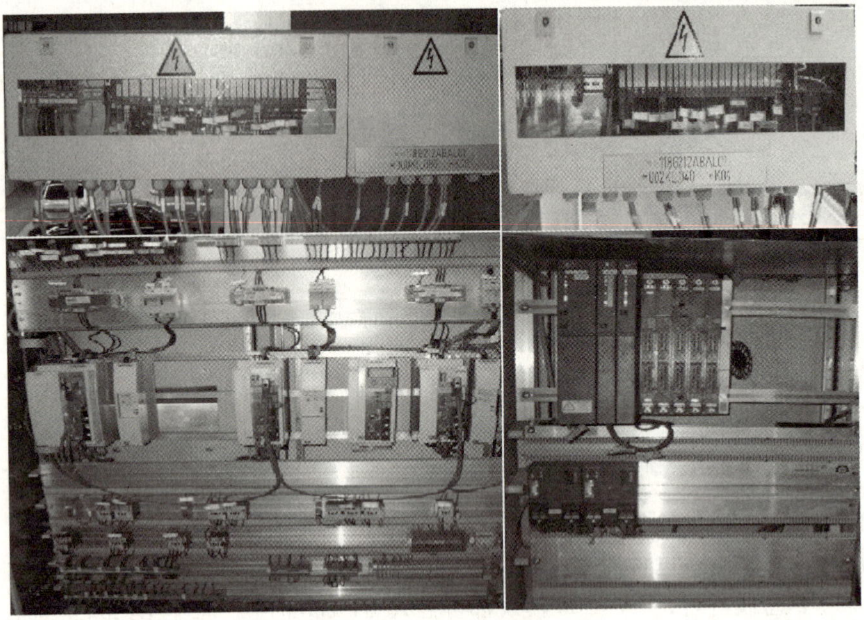

图 5-26　从站现场安装情况

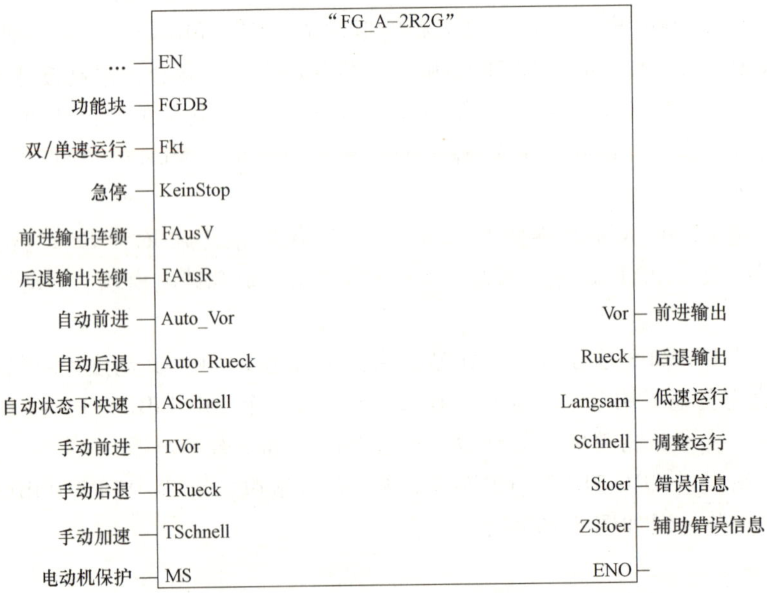

图 5-27　FC104 功能块的设置

（2）FC106 的应用分析　FC106 功能块的设置如图 5-28 所示。该功能块主要用于控制升降机 2 的位置和速度，包括停止和接触开关。

① 手动模式。在 THeben 或 TSenken 模式运行下，伴随着"THeben" =1 或"TSenken" =1，升降机运行，并能在任意位置停止。

当 TSchnell=1 时，升降机从慢速转到快速模式。

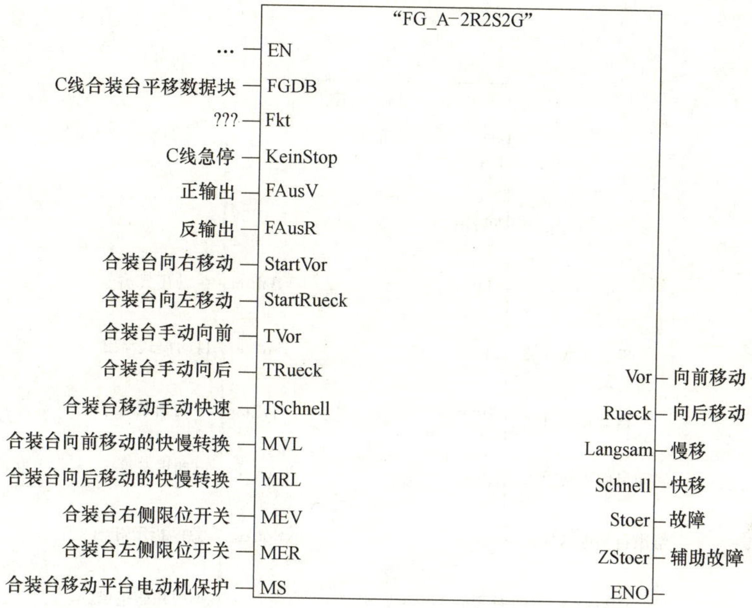

图 5-28　FC106 功能块的设置

当 TSchnell = 0 时，升降机从快速转到慢速模式。

当由慢速转到快速时，定时器 T2（上升）/T3（下降）开始定时，当定时器定时完毕后，开始转换到快速运行模式。一旦到达 MVL/MRL，速度自动转换到慢速模式，当接触到 MEV/MER 时，升降机停止运行。

② 自动模式。在 FHeben/FSenken 模式下运行（只有变频器到达了被定义的位置时，FHeben/FSenken 才有效），伴随着 FHeben/FSenken，变频器启动。如果到达了 MVL/MRL，变频器运转由快变慢，当接触到 MEV/MER 时，升降机停止运行。

变频器必须在一定时间内激活 MEV/MER，否则报警且变频器停止运行（运行时间被定义在 DBW70 中），运行时间应是变频器运行往返时间之和。

一旦取消 FAusV/FAusR 和 Stop，运行时间和升降机停止，恢复这些使能时，运转时间和变频器继续运行。

一旦 MEV/MER 被同时激活，一个错误的信息被输出，变频器停止运行。

当 MEV/MER 被激活而 MVL/MRL 未被激活时，一个错误的信息被输出。

如果没有运动命令，而变频器控制电动机离开了当前位置，一个错误的信息被输出。

如果 MVL/MRL 被触发，但是相应的 MEV/MER 没响应，变频器停止且一个错误的信息被输出。

（3）FC18 的应用分析　FC18 功能块的设置如图 5-29 所示，FC18 的功能参数对应指示灯见表 5-3。该功能块的作用是手动模式和自动模式的相互转换。它通过"BaEinr"或"BaAuto"来输出当前的运转模式。

① 手动模式（FKT = 0）。在手动模式中，手动转换开关（Einr）必须设置成手动或可以用这个按钮提前选择手动模式。

运转模式通过使用在 FGDB 中的辅助参数 “ZP－Einrichten” 也能被设置成手动模式。

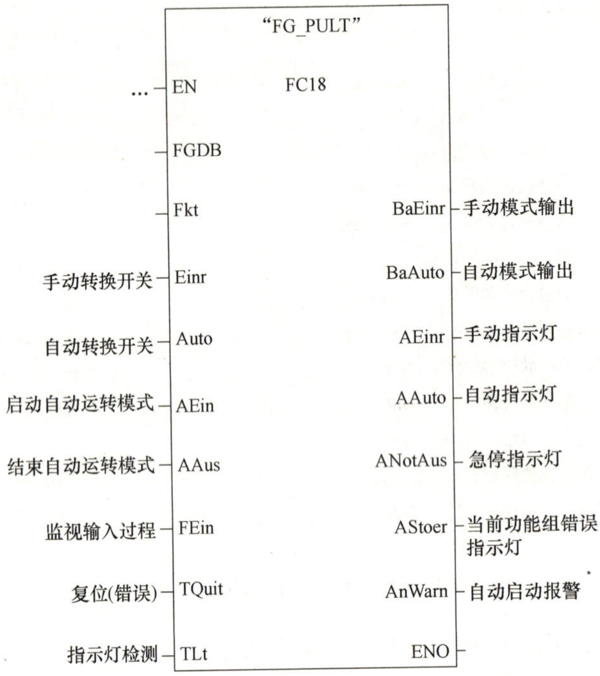

图 5-29　FC18 功能块的设置

② 自动模式（FKT＝1）。当 “AEin” 被按下后，自动模式开始运行，模式选择开关必须设置成自动，或自动提前被设置，辅助参数 “ZP－Automatic” 必须与控制台相同。“ZP-Automatic” 参数最好提前在 FGDB 中设置好。

当 “AAus” 或 “Einr”＝1 时，自动模式被复位。

手动模式（FKT＝3）：此运转模式产生在 FC68 中。

自动模式（FKT＝3）：此运转模式产生在 FC68 中。

手动模式（FKT＝10）：此模式不用辅助参数 “ZP－Einrichten”。如果至少一个功能组在手动模式中，或如果控制台上的转换开关通过模块 FC73 提前被设置成手动，这个控制台就采用手动模式。这个手动模式不和自动模式发生冲突，两个运转模式可同时在控制台上获得。

自动模式（FKT＝10）：此模式不用辅助参数 “ZP－Automatic”。自动模式永久地被置位，除非按下 “AAus” 按钮。

开始报警：在自动模式下，当运转时间 T3 开始定时，一个开始报警位被置位，“1” 被输出给 “AnWarn”。伴随着此信号的输出，一个警笛被永久触发。在开始报警以后，自动模式被置位。

灯控：首先，在控制台上起显示作用的灯“AEinr”“AAuto”“ANotAus” 和 “AStoer” 必须被连接，通过此参数 “TLT”，灯在控制台被检测。通过运转时间（T1）使灯永远被置位。

表 5-3　FC18 的功能参数

指示灯	颜色	灯灭	灯闪	灯亮(永久)
AEinr	黄灯	手动模式下无功能组	一个功能组在设备里,控制台没有手动	手动模式运行
AAuto	绿灯	不在自动模式	在自动模式但没运行	开始运行
ANotAus	红灯	没有急停信号	有急停信号但没送到控制台	信号在控制台中被置位
AStoer	红灯	设备出错	错误信息在设备中被置位但没送到控制台	错误信息在控制台里被置位

（4）FC15 的分析应用　FC15 功能块的设置如图 5-30 所示，该功能块主要用于起动设备。FC58 功能参数对应指示灯见表 5-4。

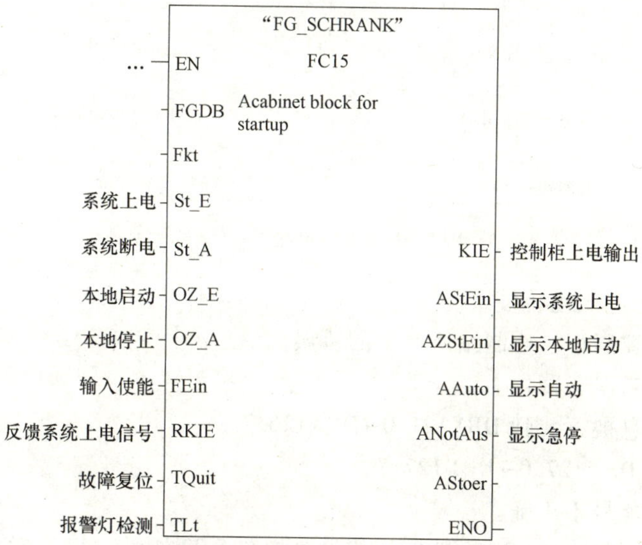

图 5-30　FC15 功能块的设置

上电：当系统上电时，连接系统的接触开关 K01E 和 K1E 闭合并且发送反馈信号给 PLC。当定时器 T5 定时完毕，“上电”的内部存储字被置位并且 AStEin（显示系统上电）和 RK1E（反馈系统上电信号）也被置位。一旦上电，所有的错误被复位。

断电：当系统断电按钮被按下时，AStEin（显示系统上电）立即被取消。当定时器 T6 定时完毕后，K01E 和 K1E 断开。

本地启动：当本地启动脉冲产生，OZ_E 立即被输出。在 3s 后本地启动脉冲自动被复位。

本地停止：当本地停止按钮被按下，OZ_E 立即被复位，当定时器 T3 定时完毕后，本地停止信号产生。在定时器 T3 定时期间，设备仍能够正常运行，但新的传送任务不能被执行。

如果在定时器 T3 定时期间，本地停止按钮被按下两次，本地停止信号立即被输出。

表 5-4　FC58 功能参数对应指示灯

指示灯	颜色	灯灭	灯闪	灯亮(永久)
AStEin	白灯	设备停机	K1E 闭合并在延时期间	系统上电
AZStEin	白灯	设备停机	系统上电和本地停止	系统上电和本地启动
AAuto	绿灯	设备停机	上电，至少有一功能组不在自动模式中	上电，所有功能组在自动模式中
ANotAus	红灯	无急停信息		至少一个急停信息
AStoer	红灯	无错误信息		至少一个错误信息

错误信息：启动时内部没有产生错误，所有的错误都来自外部。

(5) FC16 的分析应用　FC16 功能块的设置如图 5-31 所示，该功能块用于收集错误或警告。

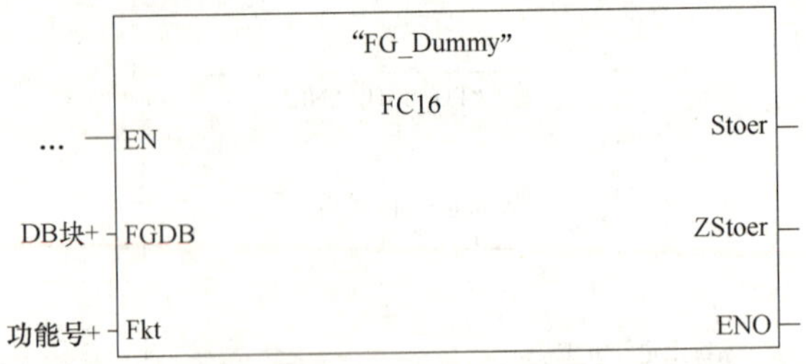

图 5-31　FC16 功能块的设置

当 FKT=1 时，进入运转模式。

确认由设备、控制柜、控制站所产生的错误。

产生功能组的错误和警告。

产生的错误信息被下装到 DBX121.0~DBX126.7。

警告被下装到 DBX127.0~DBX127.7。

错误信息：功能号不正确。

(6) FC10 的分析应用　FC10 功能块的设置如图 5-32 所示，该功能块是 S7 最基础的功能块，可测量时间周期、设置日期时间和读取有闪光频率、脉冲和一般的标记。另外，局部的硬件错误的评估也借助于 S7。

错误信息：日期时间设定错误，日期时间读取错误，功能参数错误，循环时间错误，电源供应故障，程序执行错误，通信错误，编程错误，接入错误，安全设施无效，安全程序信号改变，安全模块主程序缺失。

(7) FC11 的分析应用　FC11 功能块的设置如图 5-33 所示，该功能块主要用于对 DP 总线的检测。

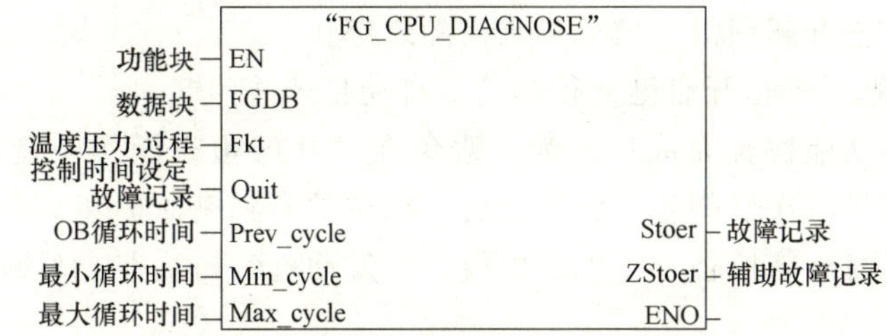

图 5-32　FC10 功能块的设置

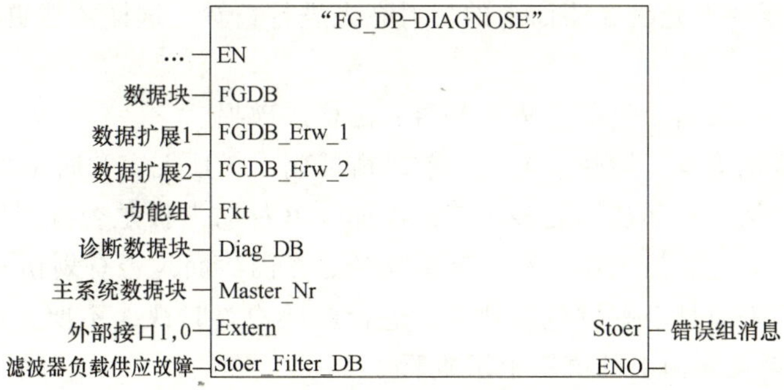

图 5-33　FC11 功能块的设置

错误信息：如果关于 DP 的错误就会报错，外部的 I/O 模块如果出现错误报错。

5.5 车辆交付检查

1. 意义

任何一辆下线的车辆都要经过严格的质量检查，销售前还要进行最终的质量检查和交车检查，称此过程为 PDI（Pre-Delivery Inspection），即车辆交付检查。执行 PDI 的目的是使商品车在交付之前达到零缺陷，即不存在任何质量问题。

2. 检查前的准备工作

对于一辆新到站的交付车辆来说，一般情况下车身上都会布满灰尘，因此在车辆检查前先要将车身上的灰尘、污渍等清洁干净。清洁时，最好选用棉布、毛巾或麂皮等软质材料进行擦拭。操作者不得戴有戒指、手表、手机、钥匙等坚硬物体，避免在作业过程中造成漆面划伤。清洁完成后将车辆停放到规定停车位，并把车钥匙放在工具柜上备用。

正式检查前，首先要测试遥控钥匙功能是否正常：

1）按下电子遥控钥匙解锁键，转向灯闪烁一次，车门上的锁止钮自动弹起，此时可以开启任意车门或行李箱盖。如果在 40s 内没有打开任何一个车门，车门将自动锁止。

2）将遥控钥匙对着驾驶人侧车门锁，长按解锁键，转向灯闪烁一次，此时各车门玻璃和天窗应自动打开，松开解锁键，玻璃和天窗随之停止。

3）按下遥控钥匙锁止键，车辆锁止，转向灯闪烁 3 次，车门上的锁止钮缩回，此时各个车门和行李箱将无法开启，只能使用机械钥匙手动开启驾驶人侧的车门和行李箱盖。

4）将遥控钥匙对着驾驶人侧车门锁，长按锁止键，转向灯闪烁 3 次，此时各车门玻璃和天窗会自动关闭，松开解锁键，玻璃和天窗随之停止。

5）按下遥控钥匙行李箱开启键，行李箱盖自动打开并弹起。

电子遥控钥匙的功能检查完成后，为了避免在 PDI 的检查操作中造成表面划伤和内饰清洁，需要在车内铺设一次性脚垫、转向盘套、档位护套和座椅护套。

正式检查包括车身外部检查、驾驶舱内检查、发动机舱内检查、车辆底盘检查和行驶前的检查。

3. 车身外部检查

1）首先检查车辆的星标、前格栅、前保险杠、前照灯和机盖表面是否有划伤或破损。进行漆面检查时，要顺着光线在漆面上的反射亮光进行查看，这样才能更清楚地查出漆面上的缺陷。

2）检查前翼子板漆面、轮毂和辐条是否有磕伤或破损。

3）检查车辆后视镜罩、镜片、A 柱、前风窗玻璃、车顶天窗和防水条是否有划伤。

4）检查前门玻璃、外部装饰亮条、车门漆面及 B 柱防滑板是否有划伤。

5）检查车顶漆面、后门玻璃、车门装饰亮条、车门漆面是否有划伤。

6）检查车身侧表面是否有坑包等缺陷。进行此项检查时视线不要太高，最好与所看区域平齐，并沿着照射在漆面上的亮影上下查看。

7）检查后风窗玻璃、车身 C 柱、后侧围、尾灯、行李箱盖漆面、装饰条、后保险杠是否有划伤。对于有划伤或破损的位置要用标记笔标出，做好记录并修复。

4. 驾驶室内检查

驾驶室是乘员接触最为频繁的区域，在检查过程中要细心查看。

1）目视检查 4 门内饰板是否有划伤或破损现象，检查前、后排座椅头枕、后靠背、座垫表面是否有瑕疵。

2）进行安全带功能检查。安全带作为汽车重要的安全项之一，在检查时要特别注意。首先拉出安全带检查表面是否划伤，迅速拽动安全带，测试其是否能瞬间锁止；插接安全带锁销并向相反方向拨动，看其是否能够正常锁止；按下释放键，拔出安全带锁销，捏住左、右侧 B 柱安全带角度调节器，上下移动检查是否调整自如，并无异响。

3）检查转向盘、安全气囊、星标是否有划伤，仪表台表面、前排烟灰缸、中央通道箱、储物盒、顶衬是否有破损等现象。

5. 发动机舱内检查

发动机作为汽车的“心脏”，是车辆重要的组成部分，检查过程要格外仔细。检查前，要将车辆停放在水平路面上，不能存在横向或纵向倾斜面，以免液面测量时数据不准。打开车门，拉开发动机舱盖释放手柄，开启发动机舱盖并将其完全支起，铺设翼子板护具及前脸护具。

进行液面检查需要确保发动机处于静止状态。进行液面检查时，要确保发动机测量温度降低，防止操作时发生烫伤。在进行液面检查时，不要将液体滴落在机舱内；如果有滴落，要用棉丝擦拭干净。

1）检查机油液面高度：确保温度达到测量温度（不低于 60℃），为了确保测量的准确性，应在关闭发动机后 5min 内进行机油液面的测量。缓慢拔出机油尺，用干净无绒布将端部油迹擦拭干净，再将机油尺慢慢插回油尺导向管中，停留一段时间后拔出机油尺，读出数据。机油液面应在机油尺 MAX（最高位）和 MIN（最低位）之间。如果无问题，将机油尺插回到导向管内。

2）检查转向助力油液面高度：检查前确保发动机处于关闭状态，温度高于 80℃，车轮摆正。逆时针旋转转向油罐的端盖，用无绒布将油尺上的油迹擦拭干净，把油尺插回罐内并旋转盖好，再次拧开油罐盖，读取液面是否在正确刻度范围内。如果超出规定范围，应使用专用设备将多余油品抽出；如果缺少油液，应先检查液压系统是否有泄漏，不能只是简单补加助力油。在液压系统没有故障的前提下，可适量添加助力油到正常范围。助力油需使用厂家指定产品，注意不要将助力液滴落在外面。

3）检查制动油液面高度：要求在不踩制动踏板的情况下检查制动油液面高度。首先清洁油罐表面，目视检查液面高度是否处在刻度 MAX（最高点）与 MIN（最低点）之间。注意：如果制动油液面低于最低点，会造成制动效能降低或制动功能丧失，因此要及时添加制动油。

4）检查冷却液液面高度：打开冷却液储液罐盖，检查冷却液的液位是否达到储液罐的标示位置。由于液面位置较深，内部光线较暗，检查时需要使用照明灯查看。

5）检查风窗玻璃清洗液的液面高度：打开储液罐盖，查看液面是否在合适范围内。

6）检查蓄电池静态电压：关闭所有用电设备，使蓄电池处于非放电状态，使用专用检查仪测量蓄电池两接线柱之间的电压。如果电压值低于 12.5V，要查明原因并进行维修。

7）检查发动机舱内电器插接件、气管、传动带是否到位。

8）检查发动机、油管及外围附件是否有漏油或擦伤迹象。

以上几项检查完成后，连接尾气抽排装置到排气管，起动车辆，检查发动机是否存在异响。检查时不要距离发动机太近，以免发生危险。发动机舱内部检查完成后，需关闭发动机盖。

6. 车辆底盘检查

汽车底盘和行驶系统是车辆主要的组成部分，多数部件是由连杆和螺栓联接的，所有负荷都支承在这些部件上，它是保证汽车行驶稳定性的主要因素，检查时要多加注意。

1）检查轮胎螺栓紧固力矩：首先将轮胎紧固扳手调至规定力矩（130N·m），确保扳手套头将螺栓完全套住，每个螺栓的紧固顺序按对角线方式紧固，保证受力均匀，紧固速度不要过快，听到扳手到位声响后停止紧固，此时力矩已达到规定范围。

2）检测轮胎胎压：参照加油口盖内部的胎压标签指示，对车轮的轮胎和备胎进行气压检测。不同类型的轮胎气压值会有所不同，例如 C 级车的胎压为 3.2~3.4bar。检查轮胎是否有泄漏现象，补气时不要将气压打得太高或过低，这样对汽车的使用性能会有所影响。

3）检查轮胎磨损：为便于操作，用举升器将车辆举起，要确保稳定爪支在车辆的 4 个支点，才可举起车辆至适宜高度，并锁止。进行测量前，先将深度测试仪归零，使测试仪平面与轮胎胎面贴平，内部测量尺顶到花纹底部才可读取数值。

4）检查制动片厚度：检测前先将深度测量仪归零位，用测量仪小口端与制动片测量孔贴平，按下测量仪内部测量尺，读取数值。

5）检查车身下部：将车辆升起到适宜高度，佩戴好防护镜，防止灰尘进入眼中。因为车下光线较暗，要求使用照明灯。依次检查转向机横拉杆左右球头、下摆臂球头、各牵引臂球头、减振器是否有破损或漏油，用手晃动各连接臂，以检查各处是否有松旷现象。

6）检查各制动油管与卡钳连接处及放油口是否有漏油迹象。

7）检查下底板是否有划伤或破损情况，按从前到后的顺序进行。

8）检查排气管吊耳是否入位、隔热板是否有干涉情况。

9）检查驻车制动器拉线定位及连接是否牢靠。

7. 行驶前的检查

行驶前的检查主要是检查车辆内部电器元件功能是否正常，包括以下内容：

1）车内灯光检查。将钥匙旋至“ON”档，逐次操纵车顶控制开关，检查车内照明系统。具体包括：前座椅照明，后部照明，前左侧读书灯，前右侧读书灯，后座椅读书灯。翻开前排遮阳板内侧化妆镜盖板，上部照明灯亮起。

2）天窗功能检查。操作组合控制开关，天窗应开启或关闭。

3）刮水器功能检查。将钥匙旋至“ON”档，旋转刮水器控制杆，检查其摆动情况，向里按下操纵杆，检查刮水器喷淋是否正常。

4）外部灯光检查。旋转组合开关到近光灯档，仪表显示近光灯标识，查看近光灯是否亮起。向前拨动灯光操纵杆，检查远光灯是否亮起。按下前雾灯按钮，检查前雾灯是否亮起，同样检查后雾灯。

5）检查转向盘调节情况。前后拨动调节杆，检查转向盘的伸缩情况；上下拨动调节杆，检查转向盘上下移动情况。

6）车窗功能检查。操纵车门上的玻璃控制开关，检查各档升降是否正常。向上拨动开关，车门玻璃应升起，按下开关，玻璃应自动开启。接下来进行防夹功能测试，将一软质器具放在门框内，玻璃在上升过程中碰到物体后应自动下降一段距离。

7）外部后视镜检查。按下左侧或右侧后视镜调节按钮，指示灯应亮起，按下方向控制键，镜片应按照所按控制方向进行动作。

8）座椅调节功能检查。检查座椅各方向调节功能是否正常，向前或向后调节开关，座椅应前后移动。向上或向下调节开关，座椅垫应抬高或降低。向前或向后调节靠背调节开关，靠背应向前或后倾斜。向上或向下拨动头枕调节开关，头枕应抬高或降低。

9）娱乐系统功能检查。按下显示器按钮，开启娱乐系统，操纵多功能方向盘的加（+）或减（-）键进行音量调节，操纵方向盘的上、下键进行娱乐系统功能切换。

10）空调系统功能检查。起动车辆，按下自动空调控制开关，液晶灯会亮起，旋转两侧空调旋钮，以调节温度，旋钮液晶灯应随之移动，调节风量大小，以检查各出风口出风情况，按下 A/C 按钮，进行冷热风切换。

以上全部项目检查完成后，还要进行系统故障查询，连接专用的诊断仪并开启，将点火开关旋至“ON”档，进行电气检测，双击自诊断检测图标，选择车型，按照提示逐步操作，进行快速检测，程序完成后打印检测结果。

虽然车辆在汽车制造厂总装车间下线前都经过了严格的检验，但在运输和储存过程中免不了还会出现一些质量问题，因此在车辆移交给客户前，经销商还要按照交车检查表的每一项要求严格进行检查。

参考文献

[1] 李雅. 汽车覆盖件冲压成形技术 [M]. 北京：机械工业出版社，2012.

[2] 朱红萍，王艳辉. 冲压成形工艺与模具设计 [M]. 北京：机械工业出版社，2015.

[3] 姚博瀚. 汽车焊装 [M]. 北京：机械工业出版社，2015.

[4] 刘伟，李飞，姚鹤鸣. 焊接机器人操作编程及应用 [M]. 北京：机械工业出版社，2017.

[5] 李扬. 汽车涂装技术 [M]. 北京：机械工业出版社，2015.

[6] 李庆军. 汽车车身修复及涂装技术 [M]. 北京：机械工业出版社，2008.

[7] 黄俊平. 汽车涂装技术 [M]. 北京：机械工业出版社，2013.

[8] 海争平. 汽车总装技术 [M]. 北京：机械工业出版社，2013.

[9] 王兆义. 可编程控制器教程 [M]. 2 版. 北京：机械工业出版社，2004.